D1739357

«Si no te gusta algo, no lo hagas.»

[RAY BRADBURY]

Fergus O'Connell

EL PODER DE HACER MENOS

Cómo pasar la preciosa vida haciendo lo que de verdad importa

EMPRESA ACTIVA
Argentina – Chile – Colombia – España
Estados Unidos – México – Perú – Uruguay – Venezuela

Título original: *The Power of Doing Less*
Editor original: Capston – A Wiley Brand, Chichester, West Sussex, U. K.
Traducción: Isabel Merino Sánchez

1.ª edición Junio 2014

Aribau, 142, pral. – 08036 Barcelona
www.empresaactiva.com
www.edicionesurano.com

ISBN: 978-84-92921-00-3
E-ISBN: 978-84-9944-752-0
Depósito legal: B-11.086-2014

Fotocomposición: Montserrat Gómez Lao
Impreso por: Rodesa, S. A. – Polígono Industrial San Miguel – Parcelas E7-E8
31132 Villatuerta (Navarra)

Impreso en España – Printed in Spain

Para Mandy y Eamonn

Índice

«El único encanto del pasado es que es el pasado.»

El retrato de Dorian Gray, OSCAR WILDE

Para el comprador dubitativo

Es muy probable que pasen por lo menos diez meses entre la soleada mañana en que escribo estas palabras y el día en que usted las lea. ¿Cómo habrán sido esos diez meses para usted? ¿Habrán estado llenos a rebosar haciendo cosas que realmente le importan, impulsando diversos proyectos, pasando tiempo con personas con las que le encanta estar, disfrutando de la vida y de toda la riqueza que puede ofrecer?

¿O los últimos diez meses habrán sido una cansada sucesión de días anodinos o frenéticamente ocupados o que no mejoran la vida?

En cualquier caso, no importa demasiado. Son el pasado. Esos diez meses, alrededor de trescientos días, no aparecerán de nuevo. No se repetirán. No volverán.

Pero los próximos diez meses no han llegado. Mañana todavía no ha sucedido. Si no está contento con el modo en que han ido los últimos diez meses, eso no significa que los próximos diez tengan que ser iguales a ellos. Puede cambiarlos. Poco o mucho, dependiendo de lo cerca o lejos que hayan estado de su ideal.

Y para hacerlo, no tiene que hacer *más*.

De hecho, no tiene que hacer mucho.

En realidad —y esto es lo agradable de verdad— tiene que hacer mucho menos.

¿Suena bien? Será mejor que se dirija a la salida.

«Morir no es nada.
No vivir es horrible.»

Los miserables, VICTOR HUGO

¿Sobrecargado de trabajo? Seguro que sí

¿Alguna vez se ha detenido a calcular lo mucho que tiene que hacer comparado con el tiempo que tiene para hacerlo? Probablemente no. ¡Probablemente asusta demasiado!

En un mundo ideal, es de suponer que le gustaría tener más tiempo disponible para hacer cosas nuevas o inesperadas. Tener tiempo para «ser», tomarse un respiro y pensar en su trabajo y en su vida. Tal vez, para ser creativo, encontrar modos nuevos o mejores de hacer las cosas, tener ideas, inspiración incluso.

Pero lo más probable es que esté sobresaturado. Hay un ejercicio que hago en los cursos que imparto donde les pido a los alumnos que calculen cuánto trabajo tienen que hacer comparado con el tiempo de que disponen para hacerlo. Allá por los años noventa, eran bastante comunes unos niveles de sobrecarga del 30 al 50 por ciento; de vez en cuando, había alguien que alcanzaba una sobrecarga del 100 por ciento o más.

Ahora, me encuentro con que la mitad, por lo menos, de aquellos con los que hago este ejercicio *tienen una sobrecarga del 100 por cien o más.* Aclaremos qué significa esto.

Es el doble de trabajo que el tiempo de que disponen para hacerlo. No es raro encontrar niveles de sobrecarga del 200 por ciento. He visto personas con una sobrecarga de más del 300 por ciento.

Por supuesto, esto sólo confirma lo que ya sabemos. Cada vez estamos más ocupados, no sólo en el trabajo sino en la vida en general. Con cada año que pasa, trabajamos más y más. Pasamos más tiempo en el trabajo, pensando en el trabajo y llevándonos trabajo a casa. Ahora, el trabajo invade nuestra vida personal de un modo que habría sido inimaginable hace sólo unos años o para nuestros padres. Y, como resultado de esta invasión y la consiguiente reducción de nuestro tiempo personal, vemos que estamos dementemente ocupados también fuera del trabajo.

¿Recuerda cuando en los medios de comunicación se hablaba de que había que «educar para el ocio»? Actualmente, la idea misma provoca una carcajada amarga o incrédula.

Y el estrés relacionado con todo esto ha aumentado. Cuando escribo este libro, llevamos ya cuatro años de lo que probablemente será conocido como la Segunda Gran Depresión. No hay ninguna señal de que vaya a terminar dentro de poco. Así que hay despidos, ceses, reducción de plantillas, producción y subcontratación en el extranjero.

«Tiene suerte de tener trabajo.»

«Tendrá que arreglárselas con menos.»

«Trabaje de modo más inteligente, no más duro.» (Sea lo que sea que eso signifique.)

«Si usted no lo hace, ya encontraremos a alguien que lo haga.»

«No tenemos otra opción, tenemos que hacerlo.»

¿Algo de esto le resulta familiar?

Es así...

... cuando en realidad debería ser así.

Entonces, ¿cómo vamos a hacer frente a todo esto? ¿Cómo vamos a continuar soportando estos enormes niveles de trabajo? E, incluso si podemos llegar a la cima de esta montaña de trabajo, ¿qué pasa con el resto de nuestra vida? ¿Nuestros seres queridos, nuestra familia, nuestros hijos, esperanzas, sueños, ambiciones, las cosas que queríamos hacer con nuestra vida y que no tienen nada que ver con el trabajo o con ganarnos la vida? ¿Es que la vida en el mundo industrial del siglo XXI sólo gira en torno al trabajo, a llevar el pan a casa y pagar la hipoteca?

Y, por supuesto, la respuesta es que mejor que no sea así. Mejor que nuestra vida no acabe así. Y no tiene por qué.

Porque hay un camino para salir de todo esto.

Y para encontrar el camino, lo único que tiene que hacer es aprender una sencilla técnica.

Tiene que aprender a hacer menos.

*«Siempre se dice que
el tiempo cambia las cosas,
pero en realidad, tenemos
que cambiarlas nosotros.»*

ANDY WARHOL

Puede que sea hora de cambiar

Todos los libros contienen una «promesa». La promesa de *El poder de hacer menos* es muy clara. Si lee este libro y hace las cosas que dice, entonces:

- Si es alguien que se siente estresado todo el tiempo, con demasiado que hacer y sin tener nunca el tiempo suficiente para hacerlo, esa situación cambiará radicalmente a mejor.
- Si es una persona que sale tarde del trabajo, sintiéndose culpable porque todavía quedan tantas cosas por hacer (o, en realidad, se siente culpable porque se marcha), entonces verá que deja el trabajo a la hora que termina la jornada laboral y no tiene ningún sentimiento de culpa en absoluto.
- Si cree que «el día nunca tiene suficientes horas», descubrirá que se le abren grandes espacios de tiempo.
- Si siente que la vida le deja al margen y no consigue hacer las cosas que realmente querría hacer, entonces encontrará un nuevo centro en esas cosas y no sólo eso, sino además tiempo disponible para hacerlas.
- Si es la clase de persona que se hace cargo de innumerables proyectos nuevos porque le apasionan y, luego, se irrita porque no tiene tiempo para realizarlos tan a fondo como le gustaría, entonces encontrará que el tiempo se abre y está a su disposición para que pueda completar esas cosas adecuadamente.

- Si es una persona cuya reacción instintiva cuando alguien le pide que haga algo es «¿Cómo puedo encajarlo en una vida que ya está demasiado abarrotada?», se convertirá en alguien que pregunta: «¿Por qué tendría que gastar mi precioso tiempo en esto?»

Piénselo sólo un momento. *Sienta* cómo sería. Un nuevo usted en el trabajo, haciendo un trabajo excepcional y, además, teniendo una vida. Esa vida llena de la riqueza que siempre ha deseado: las personas, las ambiciones, las esperanzas y los sueños que tiene. Menos estrés; la sensación de que controla su tiempo, en lugar de ser esclavo o víctima de él.

> Descubrirá que se abren grandes espacios de tiempo ante usted.

Tendría más tiempo personal; ese raro y precioso tiempo para «mí». Pasaría más tiempo con las personas que quiere: hijos, esposo, esposa, pareja, seres queridos. Llegaría a ser más creativo en las cosas que ya hace; en particular su trabajo. Tendría tiempo para respirar y pensar en lo que hace y en maneras de hacerlo mejor. Tendría más tiempo para colaborar, porque no se pasaría todo el tiempo sólo tratando de mantener la cabeza fuera del agua.

Y también, claro, están todas esas cosas nuevas que podría hacer o en que podría ocuparse. Ponerse o volver a ponerse en forma; si eso es algo que ha dejado abandonado por el camino. Aprender algo nuevo: otro idioma, por ejemplo, o a tocar un instrumento musical, o una nueva afición. También podría explorar esa idea de negocio largo tiempo demorada que ha tenido. Podría viajar, si eso es lo que le gusta. Hay muchas cosas que podría hacer con ese tiempo.

Y, ¿sabe?, podría acabar prolongando realmente su vida. Sus niveles de estrés habrían disminuido mucho y, si volviera a cuidar de su cuerpo, entonces ¿quién sabe cuáles podrían ser los efectos?

Todo esto suena bien, ¿verdad?

Por supuesto, la clave es que tiene que hacer lo que dice el libro. No basta con leerlo. Sería un libro realmente extraordinario, si lo único que tuviera que hacer fuera leerlo y los cambios se produjeran mágicamente en su vida. No, el libro no es tan bueno. Pero es, probablemente, lo mejor que tiene a mano. No tiene que hacer más cosas para que el libro actúe en su beneficio. De hecho, *tiene que hacer menos.*

Imparto un curso *online* sobre *El poder de hacer menos.* Recientemente, alguien intentaba decidirse sobre si empezar o no empezar el curso. Me preguntó si podría facilitarle «un cálculo del tiempo requerido para hacer los ejercicios y test».

Mi respuesta empezaba así: «No querría que esto pareciera raro, pero es posible que los ejercicios exijan *no hacer* cosas. Rechazar, declinar cosas, básicamente averiguar qué no es necesario hacer y centrarse en las cosas que realmente aportan valor».

El objetivo de *El poder de hacer menos* es enseñarle una nueva técnica y, al hacerlo, cambiar su manera de actuar. La técnica no es complicada ni difícil de entender; de hecho, es tan sencilla que salta a la vista. Tampoco es difícil de aprender, pero cambiar de conducta es difícil, sin ninguna duda. Y hacer que alguien cambie de conducta mediante algo escrito en un libro no es tampoco precisamente un paseo.

La clave de este cambio de conducta es poner a prueba los pequeños retos que planteo en cada capítulo. Cuando le pida que haga algo, hágalo lo mejor que pueda y luego siga adelante. Es así de sencillo.

Finalmente, ¿es este un libro de «trabajo» o un libro de «vida»? Buena pregunta. Es exactamente la pregunta que me hicieron en la editorial cuando se lo presenté. *El poder de hacer menos* supone una visión básica del mundo, donde tenemos algún tipo de trabajo que hacemos y también tenemos una vida fuera del trabajo. Puede que trabajemos como empleados en una organización de cualquier tamaño, en el sector público o en el privado; puede ser un trabajo autónomo, a jornada completa o parcial. Pero es también un libro de vida en cuanto que se podrían aplicar sus ideas al trabajo o a la vida personal, o a ambas cosas. Usted decide.

DEJALO IR...

«La vida pasa muy deprisa. Si no nos paramos y miramos alrededor de vez en cuando, podríamos perdérnosla.»

[*Day Off* (Día libre), de Ferris Bueller, 1986]

Capítulo 1

ESTE ES UN PROBLEMA GRAVE DE VERDAD

¿SABE QUÉ SIGNIFICA *KAROSHI*?

El 30 de noviembre de 2007, el Tribunal de Distrito de Nagoya, en Japón, aceptó la demanda de Hiroko Uchino de que su esposo, Kenichi, empleado de tercera generación de Toyota, había sido una víctima del *karoshi* cuando murió en 2002, a la edad de 30 años. Se había desplomado en el trabajo, a las cuatro de la mañana, después de hacer más de ochenta horas extras cada mes durante seis meses antes de su muerte. La semana en que murió, Uchino le dijo a su esposa: «El momento en que soy más feliz es cuando puedo dormir». Dejó dos hijos, de 1 y 3 años.

Como director del control de calidad, Uchino formaba trabajadores, asistía a reuniones y escribía informes constantemente, cuando no estaba en la línea de producción. Toyota consideraba que casi todo ese tiempo era trabajo voluntario y no remunerado. Lo mismo hacía el Departamento de Inspección de Estándares Laborales de Toyota, parte del Ministerio de Trabajo. Pero el tribunal sentenció que aquellas horas extras formaban parte integral de su trabajo. El 14 de diciembre, el gobierno decidió no apelar contra el veredicto.

En japonés, la palabra *karoshi* significa literalmente «muerte por exceso de trabajo». Las principales causas de esas muertes son ataques al corazón y derrames cerebrales debidos al estrés. El primer caso denunciado de *karoshi* se produjo en 1969, cuando un obrero de 29 años del departamento de envíos de la mayor empresa periodística japonesa, murió de un derrame cerebral. Pero no fue hasta finales de los años ochenta, cuando varios ejecutivos de alto nivel, todavía en la flor de la vida, murieron de repente, sin ninguna señal previa de enfermedad, cuando los medios de comunicación empezaron a ocuparse de lo que parecía un nuevo fenómeno. Rápidamente, este nuevo fenómeno fue etiquetado como *karoshi* y entendido, de inmediato, como una amenaza nueva y grave para los integrantes de la fuerza laboral.

Pero no es sólo Japón. En Estados Unidos, el trabajador medio a jornada completa tiene un promedio de catorce días de fiesta al año, pero la mayoría sólo usa doce de esos días. Las investigaciones hechas por el Center For Work-Life Policy demuestran que más del 53 por ciento de trabajadores no hacen uso de su derecho a los días de fiesta, para poder pasar más tiempo trabajando. Casi la mitad de los estadounidenses que trabajan se toman menos de diez días de fiesta y alrededor del 25 por ciento *no se toman ninguno.*

Podemos suponer, sin temor a equivocarnos, que estos mismos trabajadores dedican parte del fin de semana a realizar trabajo que se han llevado a casa o a comprobar el correo electrónico o a recibir/ hacer llamadas relacionadas con el trabajo. El más reciente *American Time Use Survey* (Estudio del uso del tiempo en Estados Unidos)[1] muestra que las personas empleadas trabajaron un promedio de 7,99 horas al día, comparadas con 7,82 horas en 2010. No está tan mal, oigo que dicen. La verdad es que no. Salvo que esas 7,99 horas son *todos* los días de la semana. La idea de trabajar cinco días a la semana parece haber desaparecido hace mucho tiempo.

Y aunque, quizá, tendamos a pensar que Estados Unidos es una cultura muy centrada en el trabajo, el país no está cerca, ni con mucho, de lo peor cuando se trata de trabajar muchas horas. El estadounidense medio trabaja 1.695 horas al año. Pero eso lo sitúa sólo en el puesto 19 del *ranking* mundial. Los primeros diez países son estos:[2]

Ranking	País	Horas trabajadas al año
1	Corea del Sur	2.193
2	Chile	2.068
3	Grecia	2.017
4	Federación Rusa	1.973
5	Hungría	1.956
6	Polonia	1.939
7	Israel	1.929
8	Estonia	1.880
9	Turquía	1.877
10	México	1.866

Viendo estas cifras, parecería que nos encaminamos a un lugar donde la vida sólo va a ser trabajo.

Pero esto ya lo sabemos por experiencia propia. Estamos ocupados como nunca estuvieron nuestros padres. El trabajo interfiere en nuestra vida personal de un modo que era inimaginable hace sólo unos años.

Por si esto no fuera lo bastante malo, la mayoría de esta aumentada carga de trabajo no es por elección. Lejos de ello. Actualmente, la mayor parte de esta carga de trabajo viene acompañada de la amenaza de que si no lo hacemos, sucederán cosas malas: despidos, ceses, reducción de plantillas, producción y subcontratación en el extranjero. El trabajo parece consumir nuestra vida, hasta tal punto que estamos perdiendo de vista lo que es la vida realmente, las cosas que en verdad nos importan, sean las que sean: familia, hijos, seres queridos, aficiones, ambiciones, esperanzas, sueños.

> *«La mayoría de los hombres viven una vida de silenciosa desesperación.»*
>
> THOREAU, filósofo estadounidense, 1817-1862

Y aunque no suele mencionarse, vale la pena decir que una atroz parte de este tiempo de trabajo extra es un desperdicio total y absoluto. Los jefes o los empleados que equiparan asistencia al trabajo y productividad están locos. La idea de que una persona puede trabajar muchas horas seguidas, durante largos periodos de tiempo y seguir siendo productiva es ridícula. Aunque esto pueda parecer contrario al sentido común, si lo pensamos un poco veremos por qué es así.

[Los jefes o los empleados
que equiparan asistencia al trabajo
y productividad están locos.]

Primero, es importante distinguir entre dar un «empujón» para conseguir acabar un trabajo y afanarnos penosamente haciendo algo sin ningún fin a la vista.

El empujón para completar una tarea puede tener como objeto solucionar un problema crítico o alcanzar un hito en particular. Un empujón así puede ser algo grande. Puede ser magnífico para la moral, para forjar un equipo y producir unos resultados extraordinarios.

LA «OPERACIÓN CASTIGO»: EL BOMBARDEO AÉREO CONTRA LAS REPRESAS DE LA CUENCA DEL RUHR

El famoso bombardeo aéreo de precisión contra las represas de la cuenca del Ruhr, ejecutado durante la Segunda Guerra Mundial[3] es un espléndido ejemplo de una ofensiva realizada para conseguir algo.

Principios de 1943. Los alemanes acababan de ser derrotados en Stalingrado, pero aún faltaba más de un año para el Día D y más de dos años para la victoria de los Aliados. A Barnes Wallis, científico e inventor británico, se le ocurrió la idea de que si se pudieran abrir brechas en los diques de contención de algunas represas alemanas, la inundación resultante del valle del Ruhr causaría unos daños incalculables a la capacidad industrial alemana.

El problema era diseñar una bomba lo bastante grande y llevarla lo bastante cerca de la represa para que cuando explotara destruyera el dique de contención.

Inspirándose en el efecto deslizamiento que se produce cuando se lanzan piedras planas sobre una superficie acuática, a Wallis se le ocurrió la idea de una bomba «saltadora». Sus experimentos y cálculos mostraron que si se podía lanzar la bomba desde una altura precisa de 18 metros, iría rebotando a través del lago, delante de la represa, golpearía la pared y luego se hundiría muy cerca de ella antes de estallar. El problema era crear y probar la bomba y formar a los pilotos de la RAF para que la lanzaran en las condiciones exactas que Wallis había especificado.

La bomba estuvo lista en sólo diez semanas. Las tripulaciones, especialmente entrenadas, del escuadrón 617 emprendieron un ataque nocturno, volando con sus aviones a la altura de la copa de los árboles al internarse en territorio enemigo. Localizaron las represas y lanzaron las bombas, que abrieron brechas en los diques de contención de dos de las tres, a resultas de lo cual se produjo una inmensa destrucción.

Se pueden hacer cosas extraordinarias cuando se trabaja contrarreloj para solucionar un problema concreto. Como puede ver, esos esfuerzos pueden producir resultados asombrosos. Pero no es de eso de lo que hablamos aquí.

De lo que hablábamos era de lo que estaba soportando Kenichi Uchino en Toyota: una larga jornada, día tras día, semana tras semana sin ningún fin —a diferencia de lo que sucede con un esfuerzo concreto—, ni siquiera ninguna meta ni objetivo claros a la vista. ¿Por qué esto tiene como resultado una mala productividad? ¿Por qué los resultados alcanzados están fuera de toda proporción (y no en el buen sentido) respecto al esfuerzo dedicado? Piénselo sólo unos minutos y verá por qué. Imagine esto.

Llega al trabajo por la mañana temprano. La noche antes, se fue del trabajo tarde, así que vuelve a estar donde estaba sólo unas horas antes.

No es el primer día que lo hace. Lleva un tiempo —bastante tiempo— haciéndolo. Ha estado trabajando durante una jornada larga, quizá comiendo sólo un bocadillo sentado a su mesa y no cenando bien por la noche. Tal vez ha tomado una comida para llevar o ha metido una pizza congelada en el microondas. No ha hecho ejercicio. Tampoco ha pasado tiempo con sus seres queridos. Y no ha usado el fin de semana para recuperarse de todo esto porque, durante los fines de semana, también ha estado trabajando (por lo menos, algunos de ellos).

No hay ningún fin a la vista. No es como si todo esto fuera para lograr algo especial; es sólo que la vida es así.

Ahora imagine cómo pasará el día. Sabe que ese día va a estar trabajando entre doce y quince horas, así que cree que tiene todo el tiempo del mundo. Se demora tomando café. Alguien se deja caer para charlar, usted está encantado de charlar con él. O quizá sea usted quien vaya a buscar a otras personas para relacionarse con ellas. Pasará tiempo en reuniones que se prolongan sin llegar a nada en concreto, porque no importa. Todos tienen todo el tiempo del mundo.

Hacia el final del día, en lugar de empezar alguna tarea importante, dirá «Bueno, me pondré con esto mañana, cuando esté fresco», y a continuación se entretendrá con algunos correos electrónicos.

En resumen, la productividad se va a paseo.

Contraste ese día con otro en el que trabaja activamente unas ocho horas, más o menos. Imagine que su día *tiene que* limitarse a ocho horas. Imagine que tiene la cita más fabulosa de su vida a las siete de esa tarde.

Bien, ¿cómo pasará el tiempo? Planeará el día. Hará una lista de las cosas que tiene que haber hecho sin excusa, si quiere salir puntualmente del trabajo por la tarde. Dejará de lado las cosas triviales o sin importancia. Se fijará una hora límite para poder irse a casa y acicalarse. Quizás incluya la posibilidad de un imprevisto en su plan. Quiere salir a las cuatro de la tarde, pero en ningún caso no más tarde de las cinco. Lo hace así para que si algún idiota se le echa encima por sorpresa y le pide que haga algo, tenga tiempo de hacerlo y poder marcharse según lo programado. Se mostrará brusco con los que malgastan el tiempo para poder mantener su plan para la jornada y llegar a su cita a tiempo.

¿Y la productividad? Se multiplica de una manera formidable. Los días así son *enormemente* productivos.

Jornada laboral interminable	Jornada laboral normal
Hay todo el tiempo del mundo: «Si no lo acabo hoy, siempre me queda mañana».	Hay que hacer ciertas cosas hoy.
No hay vida fuera del trabajo.	Hay vida después del trabajo.
Con frecuencia, no hay una meta o plan claros, excepto el de trabajar muchas horas.	Una meta clara y un plan para alcanzarla.
No se diferencia entre lo importante y lo no importante: «Al final, acabaré haciéndolo».	Concentración en las cosas importantes.
Se malgasta el tiempo constantemente.	Se malgasta muy poco tiempo.
Es físicamente malsano.	Es físicamente sano.
Sensación de tratar de acabar con una enorme montaña de cosas.	Sensación de un progreso claro y constante hacia una meta final.
Potencialmente muy estresante.	Estrés bajo.

Bien, ¿cuál de estas dos jornadas preferiría?

Tom De Marco, en su libro *The Deadline,*[4] habla de los efectos de la presión causada por trabajar muchas horas. Esto es lo que dice:

- «Las personas bajo presión no piensan más rápido.
- Unas horas extras prolongadas son una táctica para reducir la productividad.
- Periodos cortos de presión e incluso horas extras pueden ser una táctica útil ya que hacen que la gente se centre y aumentan la idea de que el trabajo es importante, pero una presión prolongada es siempre un error.
- Puede que los jefes usen tanto la presión y las horas extras porque no saben qué otra cosa hacer o porque les arredra lo difíciles que son las alternativas.
- Terrible sospecha: la auténtica razón de usar la presión y las horas extras quizá sea hacer que todos queden mejor cuando el proyecto fracasa».

Así que quizás este sea el aspecto más deprimente de todas esas jornadas laborales demenciales: que una buena parte es un desperdicio, un desperdicio total, absoluto y sin sentido. ¿Por qué, entonces, querríamos hacer algo así?

Pero la gestión del tiempo debería solucionar todo esto.

¿O no?

Haga menos. Rechace algo en el trabajo

Si, como hemos dicho, el problema es que hay demasiado que hacer y no hay el tiempo suficiente para hacerlo, entonces está claro que, cada vez que acepta algo más, está empeorando, más si cabe, el problema. ¿Qué pasaría si *no aceptara* encargarse de algo? En otras palabras, si alguien le pidiera que hiciera algo y usted rehusara.

Esta va a ser su primera prueba. La próxima vez que esté en el trabajo, su tarea es rechazar algo. Puede ser grande o pequeño, trivial o muy valioso, no importa. Su tarea es elegir una única cosa ese día y rechazarla.

¿Cómo lo hará? Bueno, lo ideal es que lo averigüe. En realidad, no es tan difícil. Pero si de verdad —y quiero decir de verdad— lo intenta y no encuentra la manera, lea el capítulo 5 y averiguará cómo hacerlo. Pero yo preferiría —y sería mucho mejor para usted— si lo descubriera por usted mismo.

«No hay nada tan inútil como hacer eficientemente algo que no debería hacerse en absoluto.»

[PETER DRUCKER, Autor y teórico de la administración de empresas]

Capítulo 2

POR QUÉ LOS CURSOS DE GESTIÓN DEL TIEMPO **NO FUNCIONAN**

Haga menos. No se apunte a un curso de gestión del tiempo por la razón equivocada

Entre en Amazon y, como término de búsqueda, anote «gestión del tiempo». ¿Cuántos resultados consigue? El día que yo lo hice, obtuve la pasmosa cantidad de 104.247 resultados. Esto sin mencionar los cursos, empresas de formación, «sistemas» de gestión del tiempo y todo lo demás que hay por todo el mundo. Entonces, con toda esta abundancia disponible de herramientas de gestión del tiempo, ¿por qué estamos cada vez más ajetreados y más sobrecargados de trabajo? ¿Qué pasa? Me parece que estará de acuerdo en que aquí hay algo que no funciona.

Cuando imparto un curso de gestión de proyectos y hablo de cómo llevar múltiples proyectos de forma simultánea, siempre empiezo de la misma manera.

«Es un problema de gestión del tiempo. Pídanle a su departamento de formación que organice un curso de gestión del tiempo y todo irá bien.» *Risas.* (Es evidente que no voy a librarme tan fácilmente.)

«¿Alguna vez han hecho un curso de gestión del tiempo?»

«Sí.»

«Entonces no tienen ningún problema; ya pueden marcharse.» *Risas de nuevo.*

«No, hablo en serio. Si han hecho un curso y han hecho todo lo que les decían, entonces no deben de tener un problema... ¿verdad?»

«Esto... supongo...»

«¿Acaso no era un curso muy bueno?»

«No, era un curso estupendo. Aprendí cosas buenas, como cómo librarme de los ladrones de tiempo y planificar el día y la regla de los dos minutos (hacer algo y sacárselo de encima si se puede hacer en un par de minutos).»

«Entonces, ¿qué pasó? Si el curso era bueno, ¿por qué sigue teniendo un problema de sobrecarga de trabajo?»

«Volví a caer en mis viejas costumbres...»

«Volví al trabajo y todo fue bien durante un par de semanas, pero luego todo volvió a como era antes...»

«No tuve tiempo de poner en práctica lo que había aprendido...» (Los sistemas anteriores eran mejores.)

Lo interesante de todas estas respuestas es que todas las personas piensan que *hicieron* algo mal. Que fallaron de alguna manera; volviendo a caer en sus viejos hábitos o permitiendo que el trabajo los abrumara o no encontrando el tiempo para poner en práctica las técnicas de gestión del tiempo aprendidas en el curso.

Al decir estas cosas, están siendo injustos con ellos mismos. Porque no fallaron. No fue algo que hicieran o dejaran de hacer. Fue algo totalmente diferente.

Entonces, ¿qué pasó?

Aquí tiene una manera en que podría pensar en el mundo o modelarlo. En cualquier periodo de tiempo —lo que queda de hoy o el resto de la semana, del mes o del año, incluso de toda su vida— hay un puñado de cosas que **tendrá que hacer**. Cosas como su trabajo, la compra semanal, cortar el césped, etcétera. Piense en ellas como si fueran una pila de cosas, como una pila de ladrillos.

Ahora, encima de ese montón ponga otro montón de cosas. Son las cosas que, en el mismo periodo de tiempo, **le gusta hacer** y querría hacer más. Sus aficiones o relacionarse con otros o estar con sus hijos o con su pareja, por ejemplo.

A continuación, encima de ese montón, ponga otro montón más. Son las cosas que **detesta** hacer pero que deberá hacer de todos modos. Pagar los impuestos, hacer cola en el aeropuerto, esperar en un embotellamiento, etcétera.

> *«Es más fácil hacer cosas triviales que son urgentes que hacer cosas importantes que no son urgentes; por ejemplo, pensar. También es más fácil hacer cosas pequeñas que sabemos que podemos hacer que empezar cosas grandes de las que no estamos tan seguros.»*
>
> JOHN CLEESE

Para acabar, encima de todo ponga un último montón. Son las cosas que de verdad **le encantaría hacer**. Son esas cosas que, si no tuviera que molestarse con ese fastidioso asunto de ganarse la vida, haría todo el tiempo. Son esas cosas que haría, si le tocara la lotería. Aprender a pintar o ser un guitarrista de rock o navegar alrededor del mundo o subir a los siete picos más altos de los siete continentes o lo que sea. Así que ahí lo tenemos: una enorme pila de cosas que llegan hasta el techo:

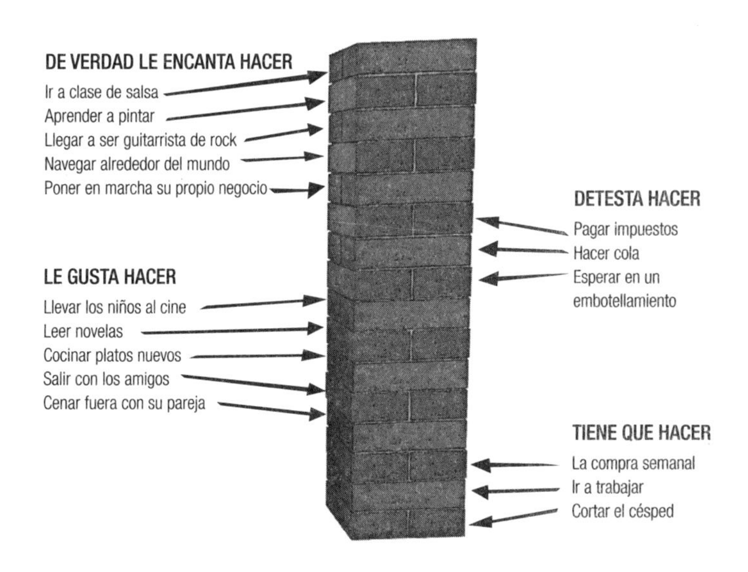

Ahora imagine una segunda pila de cosas. Son las que **realmente hará** en el mismo periodo de tiempo. Lo que queda de hoy o el resto de la semana o el mes o el año o, incluso de toda su vida. Son las cosas, extraídas de cada una de las cuatro categorías que acabará haciendo.

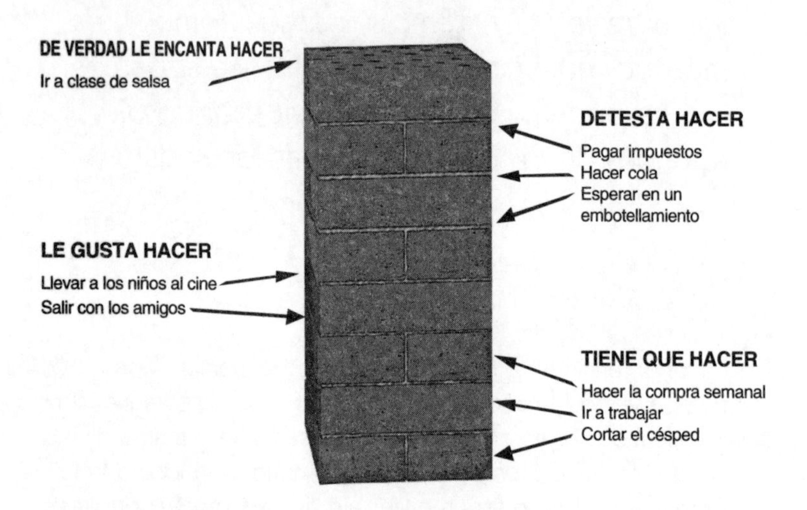

Haga menos. No haga nada durante dos minutos

Por extraño que pueda parecer, no hacer nada puede ser difícil. Pruebe con el siguiente ejemplo y vea qué tal le va. Vaya a este enlace: http://www.donothingfor2minutes.com/. Ahora siéntese y relájese. ¿Ha sido un oasis maravilloso de calma en un día ajetreado? ¿O no ha parado de rebullirse, nervioso, después de 30 segundos?

Por lo general, para la mayoría, la primera pila de cosas es varias o muchas veces más alta que la segunda. Quizá tenga que ver con lo ambicioso que sea o lo motivado que esté. Quizá tenga que ver con lo organizado o eficiente que sea. Quizá, con la edad; se llega a un cierto momento de la vida en que empezamos a darnos cuenta de que, después de todo, la vida no es infinita. Comprendemos que si hay cosas que queremos lograr en la vida, es mejor que empecemos a pensar en hacerlas ya.

Si participa en un curso de gestión del tiempo o hace lo que dice un libro de gestión del tiempo, ¿qué pasará?

Bien, eso debería tener el efecto de aumentar la segunda pila (a menos que sea un curso o un libro especialmente malo). Será más eficiente. Podrá hacer más cosas.

Tomemos por ejemplo la regla de los dos minutos. David Allen la menciona en su muy popular libro de gestión del tiempo, *Getting Things Done*.[5] (*Organízate con eficacia*, Empresa Activa, Barcelona, 2000). Podríamos imaginar a alguien que comprara el libro, pusiera en práctica esa única idea, y consiguiera aumentar el tamaño de la segunda pila solucionando en el acto asuntos de poca monta de los que tuviera que ocuparse.

Pero el libro de Allen o cualquier otro libro o curso sobre el mismo tema no va a solucionar el problema básico de que la primera pila seguirá siendo mucho más alta que la segunda.

Este es el problema de los libros, cursos y sistemas de gestión del tiempo: *no solucionan el auténtico problema.*

[El problema de los libros, cursos y sistemas de gestión del tiempo es que no solucionan *el auténtico problema.*]

Si quiere llegar a ser más *eficiente* y hacer más cosas, la gestión del tiempo solucionará el problema. Pero no es ese el problema que tiene la mayoría; por lo menos, no es el más apremiante.

El problema más apremiante es que lo que la gente tiene que hacer es mucho más que el tiempo de que dispone para hacerlo.

Esta es, pues, la razón de que se digan cosas como «volví a caer en mis viejas costumbres» o «el trabajo me abrumó» o «no tuve tiempo».

Por supuesto que pasaron estas cosas porque nada había cambiado.

La primera pila seguía siendo varias veces más alta que la segunda.

Las personas que pusieron en práctica lo que habían aprendido en el curso de gestión del tiempo tuvieron una «punta» o aceleración momentánea de la productividad que les hizo creer que habían solucionado el problema.

Pero el problema seguía presente.

El curso de gestión del tiempo no lo había solucionado porque no es la clase de problemas que soluciona ese tipo de cursos, a pesar de que, quizá, den a entender que sí.

Y no es que despreciemos los libros y cursos de gestión del tiempo. Tienen su lugar y cumplen uina función útil.

Pero no solucionan el problema que necesitamos solucionar.

Así que si está pensando en gastar tiempo y/o dinero en un libro o curso de gestión del tiempo, deténgase un momento y pregúntese qué problema trata de resolver. Si es el problema de la *eficiencia*; es decir, si quiere no malgastar el tiempo y hacer más en el tiempo disponible, adelante. Un curso de ese tipo hará que lo consiga.

Pero si el problema que trata de solucionar es que tiene demasiado que hacer y no tiene el tiempo suficiente para hacerlo, entonces, olvídelo. Sólo malgastará tiempo y dinero y acabará frustrado y decepcionado.

Para *ese* problema —demasiado qué hacer y no suficiente tiempo para hacerlo— necesita una solución diferente.

Antes de hablar de la solución, es preciso que hablemos de la *naturaleza* de la solución.

Compare estas dos reseñas del libro que he mencionado antes, uno de los más populares y más vendidos de tiempos recientes, sobre el tema que nos ocupa, *Organízate con eficacia*, de David Allen.

Primero las alabanzas: «Es un libro que cambia la vida. Yo me estaba ahogando en papeles, constantemente me sentía angustiado por todo lo que no conseguía hacer; no cumplía los plazos, me resultaba difícil mantenerme al día de mis varios compromisos y proyectos. Pensaba que era una persona desorganizada; este libro lo ha cambiado todo. Ahora tengo una idea clara de mis compromisos, un sistema de fácil acceso y de archivo fiable, una manera sencilla de tener organizado todo lo que necesito hacer, una bandeja de entrada *vacía* y unos fines de semana más libres». ¡Genial!

Ahora, las críticas: «Seré breve, porque supongo que va corto de tiempo; ojalá Allen hubiera hecho lo mismo. El libro tiene cientos de páginas con consejos para gestionar el tiempo que, si pudiéramos tomarnos un año libre para aprenderlos y luego la mitad de la semana para organizarnos como él propone, quizá todo tuviera sentido. David Allen tiene la habilidad de complicarlo todo en exceso, añadiendo, así, complejidad a un programa ya muy lleno. ¡No, gracias!»

¡Hablan del mismo libro!

¿Qué pasa aquí? Puede que el que lo alaba tuviera un problema con la eficiencia, quisiera dar con medios para hacer más en el tiempo de que disponía y, por lo tanto, encontrara los métodos del libro especialmente útiles. Quizá la razón de que el que lo critica no lo encontrara tan útil era que no le solucionaba su auténtico problema.

No obstante, lo más importante es que esto muestra, también, que cosas diferentes dan soluciones para diferentes personas. La razón de que lo mencione es evitar caer en la misma trampa en este libro. Tome lo que quiera de las ideas expuestas aquí y vea los diferentes desafíos como partes de un menú. No tiene que probar todo lo que hay en el menú; sólo las cosas que le gusten, que encuentre que le dan resultado.

[Si tiene demasiado que hacer y no tiene el tiempo suficiente para hacerlo, una gestión mejor del tiempo *no* es la respuesta. Necesita una solución diferente.]

Haga menos. Rechace algo en su vida personal

En el capítulo 1, le pedía que rechazara hacer algo en el trabajo. Ahora trate de hacer lo mismo fuera del trabajo; en casa o en su vida personal. De nuevo, averigüe cómo hacerlo y sólo si se queda realmente, de verdad, atascado, vaya al capítulo 5. A modo de orientación, pregúntese si la técnica que usó para rechazar hacer algo en el ejercicio del capítulo 1 también le daría resultado en este. Si es así, úsela con total libertad; si no, idee otra. Y si se le ocurre una diferente, ¿la podría utilizar también en una situación de trabajo? Si la respuesta es sí, observe que ahora tiene dos técnicas viables.

«Libertad significa responsabilidad. Esta es la razón de que la mayoría de los hombres la teman.»

[GEORGE BERNARD SHAW]

Capítulo 3

NUNCA CONSEGUIRÁ HACERLO **TODO**

Hay una solución al problema descrito en el capítulo 1. Y no son los cursos ni los libros de gestión del tiempo. Por el contrario, la solución es darse cuenta de un hecho sencillo pero muy importante.

Nunca conseguirá hacerlo todo.

Permítame que lo repita. Nunca... conseguirá... hacerlo... todo.

Nunca acabará con esa lista mental (o escrita) que lleva con usted a todas partes. Nunca hará desaparecer el primer montón. Tiene que echar por la borda, ahora y para siempre, la idea de que es posible hacer todo lo que es necesario hacer para liquidar todo lo que hay en la lista. Sencillamente, eso no va a pasar.

Cuando comprenda —y, de verdad, interiorice— la verdad de esta afirmación, sucederán un par de cosas muy interesantes.

- **Liberación**
  Reconocerá, por ejemplo, que está bien salir del trabajo dejando cosas sin hacer. No hay necesidad de sentirse culpable por ello. No sólo está bien, es inevitable. Sería un milagro si consiguiera hacerlo todo. Y también es una liberación en el sentido de que libera tiempo. Si no va a hacerlo todo, entonces cada vez que decida no hacer algo, ese tiempo quedará disponible para hacer otra cosa. «¿Por qué tendría que dedicar mi precioso tiempo a esto?» se va a convertir en una de sus preguntas más frecuentes.

- **Responsabilidad**
  En cierto sentido, lo más fácil del mundo es bregar con una lista de cosas con la vana esperanza de hacerlas todas. Pero si no va a acabar con esa lista, tiene que tomar algunas decisiones importantes. Si no va a acabar con ella, ¿qué va a decidir hacer? Porque en eso, exactamente, se convierte el problema: ¿a qué cosas va a dedicar su tiempo? ¿Qué cosas va a dejar de lado? ¿Cómo va a tomar esa decisión?

> *«Guárdate de la aridez de una vida ajetreada.»*
>
> SÓCRATES

Volvamos a nuestra imagen de las dos pilas de cosas del capítulo 2. ¿Cómo podemos «encajar» el primer montón en el segundo?

Bueno, esto es lo que hace la mayoría. Tratan de «vaciar el montón». Tardan muy poco en descubrir que eso no funciona, lo cual, por supuesto, es imposible.

Así que entonces dejan de hacer lo que

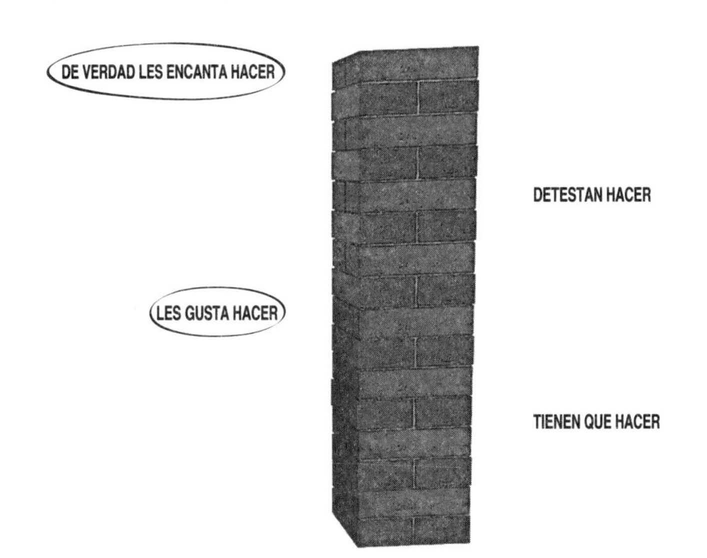

Y acaban haciendo lo que:

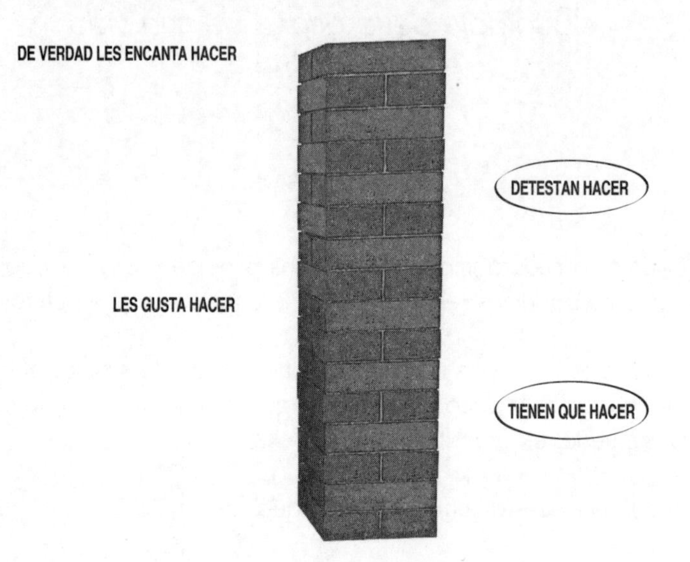

Llegados a este punto ya no tienen un equilibrio entre vida y trabajo. Trabajan largas y continuadas horas y cualquier vida hogareña que tengan está impregnada de «ruido»: cocinar, limpiar, comprar y ocuparse del mantenimiento general que hace que nuestra vida personal siga adelante.

Pero luego todo empeora. Continúan tratando de vaciar el montón, trabajando más y más horas y, al hacerlo, destruyen las preciosas horas de vida personal que les quedan. Pero esto no va a funcionar, nunca. Como ya hemos dicho, no se puede vaciar el montón. Es un juego sin sentido, imposible de ganar.

Si acepta esta idea, lógicamente tendrá que aceptar que algunas cosas *no las hará nunca.* No se trata de que las retrase, las «despriorice», las deje para después, las reprograme, las haga en algún otro momento, cuando tenga tiempo, sino de que *no las hará nunca.* Las abandonará. Las desechará. Las echará por la borda. Hará que desaparezcan. Para siempre.

En lugar de tratar de vaciar el montón —un ejercicio sin sentido de todos modos— vamos a hacer algo muchísimo más inteligente. *Vamos a hacer siempre las cosas más importantes.*

¿Y cómo lo hacemos? Sólo hay una manera.

[Debe aprender a hacer menos.]

Si lo logra, entonces conseguirá hacer lo importante. Y con «lo importante» me refiero a esa combinación única de cosas de cada una de las cuatro categorías:

- tengo que hacer
- me gusta hacer
- detesto hacer (pero tengo que hacer de todos modos)
- de verdad me encanta hacer

Esa combinación es la acertada para usted.

Estaría dispuesto a apostar mi casa a que esta es la primera vez que alguien le ha propuesto algo así; que de hecho le hace falta una habilidad esencial. Porque, si piensa en ello, desde el momento en que empezó a ir a la escuela y quizás incluso antes, ha sido programado para hacer exactamente todo lo contrario. Le han dicho que haga cosas y usted las ha hecho.

Recuerde aquel primer día de clase. Su madre lo llevó a la escuela, lo dejó con la maestra/o y ella (o él) le dio bloques o plastilina o un cuaderno para colorear y le dijo que hiciera cosas con ellos. Y siendo el niño equilibrado que era, no les dijo que se fueran a paseo, sino que hizo cosas. Luego durante la primaria y la secundaria, le dieron tareas, deberes, proyectos, lo evaluaron constantemente, hubo gente que le hacía hacer cosas. Si cursó algún tipo de educación superior, lo mismo se repitió: tareas, seminarios, trabajos de fin de curso, proyectos, disertaciones, tesis. Además, quizá tuvo empleos a tiempo parcial mientras estaba en la escuela o la universidad y le decían que hiciera cosas y las hacía: fregar vasos, servir mesas, etcétera.

Luego, empezó su primer trabajo «real» ¿y con qué se encontró? Descripciones del puesto, objetivos, zonas de resultados clave, indicadores de rendimiento clave; siempre había alguien que le decía que hiciera cosas. Y básicamente —hasta el día en que se lo lleven con los pies por delante— así es probablemente como usted lo veía. Alguien le ordenaba que hiciera algo y usted respondía diciendo: «¿Cómo puedo meter esto en una vida ya sobresaturada?»

Pero si puede aprender la técnica de hacer simplemente menos —y es una técnica, como usar un ordenador o gestionar un proyecto o presidir una reunión— puede no limitarse a hacer malabarismos con el problema de tener demasiado que hacer y no suficiente tiempo para hacerlo. Puede solucionarlo.

EL PORTERO QUE SE QUEDA QUIETO

El economista Ofer Azar lo sabe todo sobre hacer menos. Recientemente, él y unos colegas suyos de Israel publicaron un trabajo sobre los porteros.[6] Estudiaron horas de metraje archivado y observaron que los porteros paran muchos más tiros de penalti cuando se quedan en el centro de la portería que cuando se lanzan a la derecha o a la izquierda. Sin embargo, paradójicamente, en el 93,7 por ciento de los casos, deciden lanzarse en lugar de permanecer en el centro.

De hecho, el análisis de 286 tiros de penalti en partidos de élite en todo el mundo mostró que los porteros pararon el 33,3 por ciento cuando permanecían en el centro, comparado con sólo el 12,6 por ciento cuando se lanzaban a la derecha y el 14,2 por ciento cuando se lanzaban a la izquierda.

Por decirlo de otra manera, no hacer nada habría conseguido un resultado mucho mejor que hacer algo.

Pero fíjese en lo difícil que es no hacer nada. Imagine que fuera ese portero y se quedara totalmente inmóvil mientras el lanzador del penalti enviaba la pelota a la escuadra de la portería. Imagine los insultos de sus compañeros de equipo y los aficionados. Imagine la vergüenza y la culpa que sentiría. Imagine como trataría de explicar ante la prensa después del encuentro que la razón de que se quedara inmóvil era que, estadísticamente, estaba haciendo lo mejor. Es como si prefiriéramos hacer algo —cualquier cosa— y que vean como fallamos que no hacer nada, aunque sepamos que eso podría ser lo mejor.

El libro que tiene en las manos tiene por título *El poder de hacer menos.*

¿Cómo puede haber algún poder en hacer menos? Cuando pensamos en la palabra «poder» quizá pensemos en personas poderosas; esas personas que ahora o a lo largo de la historia han moldeado el mundo con lo que han hecho. Sus vidas se han caracterizado por la acción y se conocen o se recuerdan ahora por lo conseguido —bueno o malo— pero ciertamente por cosas *hechas.* ¿Cómo podría haber poder en *no hacer* algo?

Bueno, veamos un ejemplo para empezar. Es una opinión generalmente aceptada que cuando un nuevo CEO se incorpora a una organización, lo que *haga* en los proverbiales «cien primeros días» determinará su éxito final. (Más en general, también se ha convertido en algo corriente que los canales de noticias de televisión examinen lo que han hecho los gobiernos o los líderes políticos en *sus primeros* cien días). Pero si es usted un CEO, este artículo de *Harvard Business Review,* «Five Myths of a CEO's First 100 Days» (Cinco mitos de los primeros 100 días de un CEO)[7], quizá le de que pensar. El artículo dice que quizá fuera más productivo hacer menos y pensar más.

También podemos pensar en un bloguero obligándose a publicar una nueva entrada en el blog cada día porque ¿no es esto lo que los expertos en los medios sociales dicen que deberíamos hacer? Al mismo bloguero podría irle mucho mejor si publicara un único artículo decente a la semana, en lugar de abarrotar su vida (y la nuestra) con paparruchas mediocres.

Todos somos culpables de estar «ocupados». Comprobar mensajes electrónicos de forma compulsiva es un ejemplo clásico. ¿De qué diablos sirve? Hacerlo no sirve para que los mensajes lleguen más rápido.

CÓMO SE PODRÍA HABER EVITADO LA PRIMERA GUERRA MUNDIAL HACIENDO MENOS

El 19 de junio de 1914, un terrorista serbio asesinó al heredero del trono austriaco y la secuencia de acontecimientos resultantes desencadenó la Primera Guerra Mundial. Hubo muchos momentos en esta serie de sucesos en los que las cosas podrían haber sido diferentes y la guerra se habría evitado. Uno de esos momentos se produjo a finales de julio.

Después del asesinato, Austria quería atacar a Serbia para darle una lección. Rusia era aliada de Serbia y quería apoyarla. No obstante, los rusos se referían a un apoyo *diplomático* (no a una intervención militar).

En estas circunstancias, lo único que los rusos habrían tenido que hacer habría sido quedarse quietos y no hacer nada. Los austriacos, inseguros sobre las intenciones de Rusia, habrían dado marcha atrás y la guerra se habría podido evitar.

Como dice el historiador A. J. P. Taylor,[8] «... No se les ocurrió nunca (a los rusos) que simplemente *no haciendo nada* (las cursivas son mías), podrían haber impedido que Austria actuara contra (es decir, atacara) a Serbia... *Lo más difícil en una crisis es esperar a ver el curso de los acontecimientos*» (de nuevo, las cursivas son mías).

> *«Además del noble arte de hacer las cosas, está el noble arte de dejarlas sin hacer. La sabiduría de la vida consiste en la eliminación de lo que no es esencial.»*
>
> LIN YUTANG, escritor chino

Todos llevamos vidas muy ocupadas. Puede que, al final del día, nos desplomemos, agotados, en la cama, con la sensación de que hemos hecho montones de cosas. Quizá sí que *estamos haciendo* montones de cosas.

Pero ¿son las cosas que importan de verdad?

¿O sólo son *cosas*?

¿Importa qué cosas son, siempre que hagamos cosas, avanzando trabajosamente a través de esta al parecer interminable lista de tareas que tenemos que hacer?

Pues *claro* que importa.

De modo que si quizá se siente perdido y víctima de los tiempos y las circunstancias, tiene poder.

Tiene poder, con sólo que lo tome y lo use.

Ese poder es hacer menos.

Este libro contiene un sencillo mensaje. Sea en el trabajo o en su vida personal, hay demasiado que hacer. La lista es demasiado larga y nunca la vaciará, ni siquiera aunque tuviera varias vidas para hacerlo.

Haga menos. Olvide la idea de que conseguirá hacerlo todo

Es hora de aceptar que, sencillamente, no va a hacer algunas cosas, dejará sin hacer muchas cosas, de hecho.

Dígase: «Hay muchas cosas que no voy a hacer».

Repítalo unas cuantas veces: «Hay muchas cosas que no voy a hacer». «Hay muchas cosas que no voy a hacer.» «Hay muchas cosas que no voy a hacer.»

Dígalo en voz alta: «Hay muchas cosas que no voy a hacer».

Ahora haga esto: póngase en pie. Imagine que a un par de pasos por delante de usted hay una salida con una puerta cerrada. En este lado es donde está usted ahora, en el mundo del ajetreo incesante. Aquí hace un tiempo gris, el paisaje es aburridamente urbano. Un hámster corre dentro de una rueda. El hámster es usted.

Ahora alargue el brazo —vamos, hágalo— y empuje suavemente la puerta. Se entreabre sin gran dificultad. Mirando por la abertura ve el sol y campos verdes. Oye risas y percibe olores agradables: el mar, hierba recién cortada, perfume.

A este lado de la puerta es donde está ahora. El país de ¿Cómo-puedo-encajar-esto-en-una-vida-ya-abarrotada? Dé un paso adelante y cruce el umbral. Vamos —de verdad— hágalo. Dé los pasos necesarios para conseguirlo. Pase entre las dos jambas, por debajo del dintel y cruce al otro lado. Este es el país de ¿Por-qué-debería-dedicar-mi-precioso-tiempo-a-esto?

No ha sido tan difícil, ¿verdad?

«Para comprender la vida de un hombre, es necesario saber no sólo lo que hace, sino también lo que deja de hacer a propósito. Hay un límite al trabajo que se puede sacar de un cuerpo humano o un cerebro humano, y es sabio el hombre que no malgasta ninguna energía en actividades para las que no está dotado; y todavía más sabio es el que, de entre todas las cosas que puede hacer bien, elige y practica absolutamente las mejores.»

JOHN HAIL GLADSTONE, químico británico del siglo XIX.

Aquí tiene otra cosa que quiero que imagine. Está sentado en su silla, desplomado sobre la mesa. ¿Por qué está así? Imagine que su mesa está dentro y al fondo de un silo o cilindro gigante. La gente tira cosas desde lo alto del silo. Empecemos con el trabajo.

Su jefe tira cosas dentro, peticiones para hacer cosas, proyectos, «sólo le llevará un minuto», y así sucesivamente. Su equipo, sus colegas, sus compañeros... tiran cosas. Otros departamentos tiran cosas. Salgamos del trabajo y vayamos a su casa; su esposa/esposo, novia/novio, pareja, compañeros de piso o de casa tiran cosas. Su familia tira cosas. La comunidad en la que vive y el gobierno tiran cosas. Otras personas tiran cosas y, finalmente, también usted tira cosas. Todas estas cosas le caen encima de la espalda. No es extraño que esté desplomado. Es asombroso que cualquiera de nosotros podamos levantarnos por la mañana.

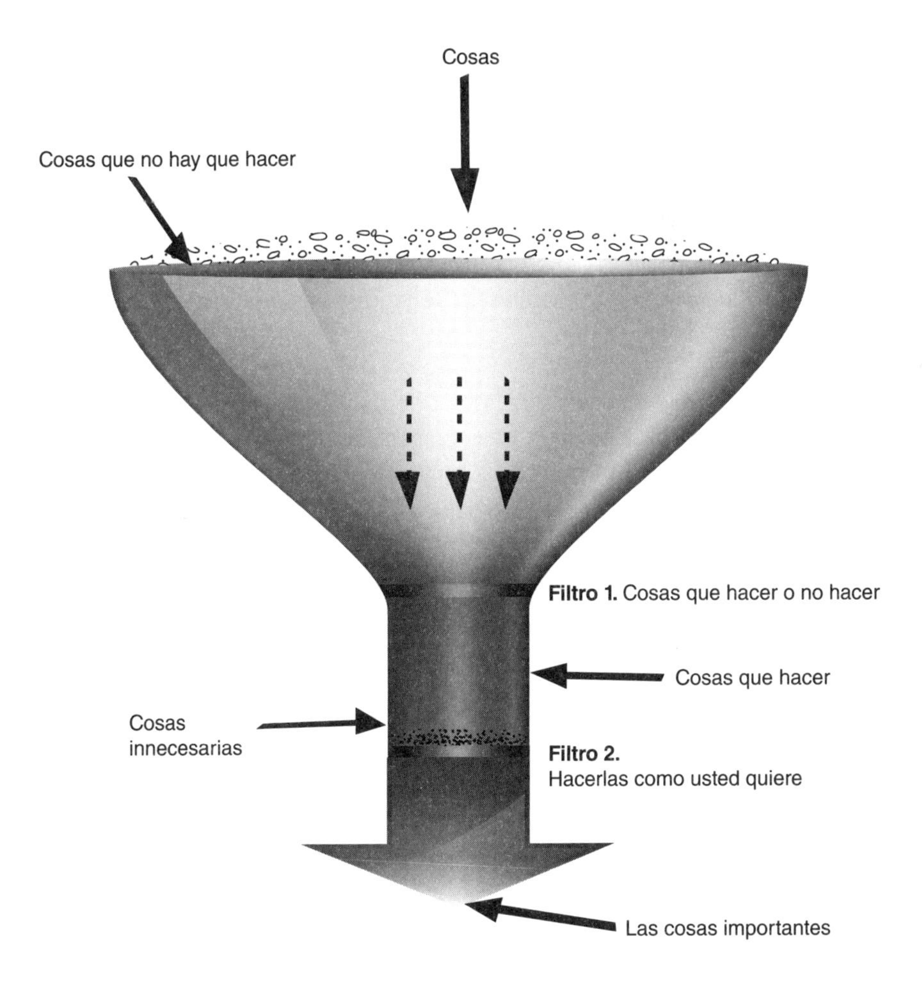
Cosas
Cosas que no hay que hacer
Filtro 1. Cosas que hacer o no hacer
Cosas que hacer
Cosas innecesarias
Filtro 2. Hacerlas como usted quiere
Las cosas importantes

Pero es posible tener una imagen diferente.

En lugar de que su mesa esté al fondo de un silo, piense que está al fondo de un embudo.

El embudo tiene dos filtros. Exactamente el mismo volumen de cosas procedentes de las mismas fuentes cae desde la parte alta del embudo. Pero esta vez se filtran. Algunas quedan detenidas en el primer filtro, de modo que sólo un número más pequeño pasa por él. Algunas cosas quedan detenidas en el segundo filtro, de modo que sólo un número manejable —lo importante— lo atraviesa. Usted ya no está desplomado. Está sentado, erguido, y tiene una cara sonriente, porque ahora tiene una vida. Ahora se están haciendo las cosas importantes. Imagine lo feliz que se sentiría en esas circunstancias.

Es evidente que tenemos que hablar de qué son los filtros y lo haremos en los capítulos 5 y 6. Pero primero es preciso que hablemos de lo que constituyen «las cosas importantes».

Y esta vez, sólo para acabar el capítulo, le planteamos un par de retos «Haga menos». Pruébelos en dos días diferentes.

Haga menos. Rehúselo todo durante medio día

De vuelta al trabajo, su tarea es rehusarlo todo durante medio día. Por ejemplo, podría decidir declinar todo lo que todos le piden que haga durante toda la mañana (es decir, hasta la hora de almorzar) o toda la tarde (hasta el momento de irse a casa).

En este ejercicio es aceptable, por ejemplo, decir durante toda la mañana «¿No puede esperar hasta la tarde?» o durante toda la tarde «¿Serviría que lo hiciera mañana?»

Aunque así no se elimina la tarea por completo sí que se retrasa. Además, siempre cabe la posibilidad de que cambien las prioridades y que no tenga que hacerla. (¡También puede que se olviden por completo! Genial.)

Haga menos. Practique el juego de rehusar durante todo un día

Hoy, tiene que convertir en juego el rehusar cosas. Hágalo rechazando —durante todo un día— una de cada dos peticiones que le hagan. Puede usar las técnicas que ha desarrollado hasta ahora o probar otras nuevas. ¿Cómo puede encontrar algunas técnicas nuevas? Bueno, puede idearlas usted mismo o preguntarles a otros. Pregúnteles a sus compañeros de trabajo mientras toman café o durante el almuerzo. Pregúnteles a sus amigos y familiares si tienen buenas formas de decir que no a las cosas.

¿Y qué va a hacer si ve que el más importante de sus jefes se dirige hacia usted y es el momento de decir «no» con buenos modales. ¿Rajarse o ir a por ello? Como con todo, usted elige.

«Hacer más cosas, más deprisa no es un sustituto para hacer las cosas que importan.»

[STEPHEN COVEY, autor y orador motivacional]

Capítulo 4

CÓMO SABER QUÉ ES «LO IMPORTANTE»

El primer paso para aprender a hacer menos es averiguar qué es «lo importante». Esas cosas a las que va a dedicar su preciosa vida. Sólo usted puede saber qué es «lo importante» para usted. Es posible que otros se vean afectados por las decisiones que usted tome pero —finalmente— es usted quien tiene que decidir qué es lo importante para usted. Y el resultado será tan singular como lo es usted. A fin de diferenciar, probablemente es cómodo separar las cosas en «trabajo» y «vida», así que veremos cada parte por separado.

Además, al final del capítulo, hablaremos con más detalle sobre los dos filtros y sobre qué son y qué hacen.

¿Trabajo? ¡Una gran parte no se debería hacer!

En el trabajo no suelen escasear las personas que nos dicen qué hacer ni los medios para que nos lo digan. Peticiones, órdenes directas, objetivos, zonas clave de resultados, *balanced scorecards* (cuadros de mando integral), metas, cumplimiento de las acciones acordadas y Dios sabe qué más. Así que no debería haber grandes problemas en el trabajo para saber qué es lo importante. ¿No es verdad?

Esto... bueno, pues, en realidad, no.

No del todo.

De hecho, según mi experiencia, nada de nada.

Una amiga mía trabajaba para un gran banco multinacional. Un día me dijo que la enviaban a hacer un curso de formación para usar el nuevo sistema de evaluación del rendimiento de la empresa. Cuando volvió, me habló del sistema. Era una evaluación de 360 grados basada en Internet. Los objetivos entraban en el sistema. Luego, cuando llegaba el momento de la evaluación, evaluabas a tu jefe y tu jefe te evaluaba a ti. Tus colegas te evaluaban y tú evaluabas a tus colegas. Después, todas las evaluaciones se mezclaban, se comparaban con los objetivos y salía la respuesta a cómo había sido nuestro rendimiento en los últimos doce meses.

Algún tiempo después, mi amiga me dijo que iba a tener su evaluación anual.

—¿Qué tal te irá? —pregunté.

—No lo sé —me contestó.

Me eché a reír. Pensé que bromeaba. Cuando vi que no era así, pregunté:

—Pero ¿qué hay del sistema de evaluación del rendimiento, la evaluación de 360 grados basada en Internet...?

—Sí —dijo con una sonrisa—. La verdad es que no sé si me van a puntuar como «cumple las expectativas» o como «supera las expectativas». ¿Objetivos claros? Me temo que no.

Hay muchas personas que no saben realmente cuáles son sus objetivos. No del todo. Claro que tienen cosas como «Completar los proyectos» o «Tener contentos a los clientes» o «Hacer que el mundo sea un lugar mejor para los animalitos peludos», pero, como veremos enseguida, unos objetivos así plantean problemas enormes.

Veamos uno con el que me tropecé recientemente. Alguien me dijo que su objetivo clave para el año era ser «la voz del cliente».

—¿Qué significa eso? —pregunté.

—Bueno, ya sabes: representar los intereses de los clientes en los proyectos.

—Está bien. Entonces, ¿cómo sabrás, cuando acabe el año, que has hecho un gran trabajo siendo la voz del cliente? Y quizá lo más importante, ¿cómo lo sabrá tu jefe?

Largo silencio.

Algunos objetivos son tal como acabo de describirlos. Algunos, por otro lado —los objetivos de una de las personas (llamémoslo Charlie) en ETP, mi empresa de formación y consultoría—, son como los siguientes:

- Dedicar 75 días a trabajar con los clientes, impartiendo formación o haciendo consultoría.
- Cumplir con la meta de ventas mensuales de 30.000 euros al mes.

¿Ve la diferencia? ¿Y ve cuál puede ser el problema? En el segundo caso, Charlie sólo debería hacer cosas que contribuyan a uno u otro de sus objetivos. Si algo no contribuye a lograr los 75 días o alcanzar la meta de ventas mensuales, entonces no se debería hacer absolutamente nada. Está claro que, de lo contrario, Charlie estaría chiflado. Charlie sabe con una claridad cegadora qué es lo importante.

Pero, en el primer caso —«ser la voz del cliente»—, ¿quién sabe qué es lo importante? En este caso, la persona de que se trata trabajará en ciertas cosas a lo largo del año. Pero ¿son estas *exactamente* las mismas cosas que, según su jefe, constituyen el ser la voz del cliente? Es muy improbable, ¿no le parece?

Y esto, a su vez, significa que usted y su jefe tienen interpretaciones ligeramente (o quizá *muy*) diferentes de lo que sería un buen o un gran rendimiento. Es como esta imagen:

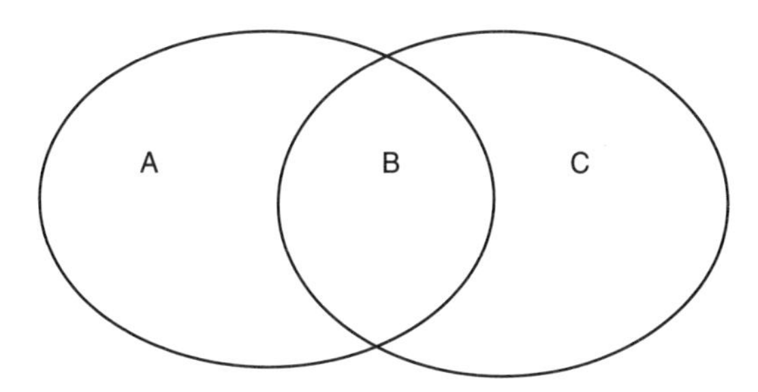

Lo que pasará entonces es lo siguiente:

- Pasará parte del tiempo haciendo las cosas de la zona B. Es un trabajo con valor añadido en cuanto que, definitivamente, hace una aportación positiva a su evaluación de rendimiento al final del año.
- Está claro que pasará tiempo haciendo las cosas de la zona A ya que —en su opinión— son cosas que, sin duda, importan. En realidad, son cosas irrelevantes y cualquier tiempo dedicado a ellas es un desperdicio.
- No hará las cosas de la zona C —básicamente, porque no sabe que haya que hacerlas—. Como resultado de no hacerlas, tiene muchas garantías de que su jefe no estará tan contento como podría haberlo estado de lo contrario.

Vea lo que esto significa: (muy probablemente) se habrá dejado la piel, y ¿para qué?

Cuando enseño estas cosas me refiero a ellas como «cajas»:

«Cumplir con la meta
de ventas mensuales
de 30.000 euros
al mes».

y «nubes»:

Para saber qué es lo importante en el trabajo, sus objetivos tienen que ser cajas, no nubes.

Si sus objetivos son cajas, genial. Pero ¿y si no es así? ¿Qué debería hacer entonces? Bueno, tiene que ir a hablar con su jefe. Y la conversación tiene que empezar con las palabras: «Oiga, jefe, cuando acabe el año, ¿cómo sabremos, los dos, que he hecho un trabajo asombroso?»

Antes de hacer esto, es preciso que haga una cierta preparación. Para esos objetivos suyos que son algo nebulosos, tendrá que idear alguna forma de medirlos. Estas mediciones convertirán sus nubes en cajas.

ELIMINE LA COBARDÍA DE SU VIDA

Si ha visto la miniserie *Band of Brothers*[9] (Hermanos de sangre), recordará del primer o segundo episodio, al personaje del capitán Sobel, interpretado por David Schwimmer. En el libro *Band of Brothers*[10] Stephen Ambrose describe a Sobel como el «clásico mierda» y dice: «Generaba *una ansiedad máxima por cosas de una importancia mínima*» (las cursivas son mías).

Paul Fussell, en su libro *Wartime*[11] explica la cobardía en el ejército. Dice: «Se llama *chickenshit* (literalmente "mierda de gallina") —en lugar de mierda de caballo, toro o elefante— porque es algo estrecho de miras e innoble y que se toma lo trivial en serio».

Esa cobardía no está confinada a lo militar. Todos tenemos cobardía en nuestra vida; en el trabajo, sin ninguna duda, pero también en nuestra vida personal. Todos nos tomamos «lo trivial en serio» y «generamos una ansiedad máxima por cosas de una importancia mínima». El propósito de este libro, y del poder de hacer menos, es eliminar la mayoría, si no toda, de esa cobardía de su vida. Este capítulo es un paso clave para conseguirlo.

Digo que tendrá que hacerlo *usted* porque, casi con total seguridad, su jefe no lo hará. Los jefes tienen demasiado que hacer y no tienen el tiempo suficiente para hacerlo, igual que nos sucede a todos; así que están más que contentos siguiendo los viejos y cansados objetivos nebulosos que se transmiten de un año al siguiente. Por ello, lo más probable es que no sean ellos quienes den el primer paso. Esto significa que tendrá que hacerlo usted. Proponga algunas medidas, vaya a hablar con su jefe y acuerden que sus medidas están bien o —mejor todavía— los dos, trabajando juntos, establezcan otras mejores.

¿El resultado? Ahora sabrá qué es lo importante en el trabajo y podrá hacerlo, superará las expectativas y todo con la mínima cantidad de esfuerzo y tiempo y energía malgastados/mal dirigidos.

Y, además, sabrá qué *no es necesario* hacer. Y dado que nos interesa el poder de hacer menos, esto es lo que alimenta *nuestro* fuego. Ahora podrá decir que esas cosas no importan y que nunca —repito, nunca— se van a hacer. Qué bien, ¿verdad?

Haga menos. Averigüe qué importa en el trabajo

- Empiece con cualquiera de sus objetivos que sea nebuloso, luego sustitúyalo, de forma que pueda ser una caja:

«Ser la voz del cliente.»

→ «Conseguir información de una muestra representativa de, por lo menos, cien clientes, antes de completar la especificación de cualquier nuevo producto.»

«Aumentar la responsabilidad de Operaciones y reducir la necesidad de una segunda revisión y aprobación por parte de Control de calidad (QA por sus siglas en inglés).»

→ «Asegúrese de que el número de segundas revisiones de QA baja desde "x" por semana a "y" por semana.»

(Observe también que está bien tener más de una medida por objetivo.)

- Llegado a este punto todos sus objetivos deberían ser claros y medibles. Ahora mírelos de uno en uno. Para medir cada objetivo en concreto, ¿qué clasificarían usted y su jefe como rendimiento bueno/aceptable? Es el nivel de rendimiento que su jefe espera y que le ganará a usted la promoción o el aumento de salario que persigue al final del año. Por ejemplo, suponga que tiene una meta de ventas de 30.000 euros al mes que ya ha sido acordada; entonces ese es un nivel de rendimiento aceptable. ¿Cuál sería un nivel de rendimiento realmente extraordinario? Quizás en el ejemplo de la meta de ventas, sería de 40.000 euros al mes. Y, finalmente, ¿cuál sería un nivel de rendimiento fuera de toda medida? Tal vez algo superior a los 50.000 euros al mes. Hágalo para cada uno de sus objetivos y resúmalos en una pequeña tabla como esta:

Prioridad	Objetivo	Nivel aceptable	Nivel extraordinario	Nivel fuera de toda medida
1	Meta de ventas mensuales	3.000	4.000	5.000
2	Consiga información de una muestra representativa de, por lo menos, 100 clientes antes de completar la especificación de cualquier nuevo producto.			
3	Asegúrese de que el número de segundas revisiones de QA baja desde «x» por semana a «y» por semana.			
4				

«No es suficiente estar ocupado; las hormigas también lo están. La cuestión es ¿en qué estamos ocupados?»

HENRY DAVID THOREAU, filósofo estadounidense

¿La vida? ¡No se la pierda!

¿Alguna vez ha pensado que sería estupendo contar con algún tipo de hada de los objetivos vitales personales que le dijera qué hacer con su vida personal? Imagínelo. Cada año, el día de su cumpleaños, esta persona aparecería y le entregaría sus objetivos personales para el año que tiene por delante. Dejar de fumar. Apuntarse a un gimnasio. Pasar más tiempo con sus hijos. Bajar aquella guitarra de la buhardilla y empezar a practicar de nuevo. Y así sucesivamente. Luego, hacia el final del año, volvería a presentarse y puntuaría sus resultados. «Ha cumplido con las expectativas.» «Ha superado las expectativas.» «Despedido.» Lo que fuera.

Por suerte, o por desgracia, esas hadas no existen. Esa tarea tendrá que desempeñarla usted mismo.

Así que si no está seguro de qué le importa en la vida, aquí tiene el medio más rápido de averiguarlo. (Y, después, hay otros medios con los que también puede probar.)

Haga menos. Descubra en cinco minutos lo que de verdad le importa

1. Imagine que se ha enterado de que le quedan exactamente tres meses de vida. Es cierto, sin ninguna duda. No hay ningún error. Va a disponer de noventa días más y ya está. Se acabó. Imagínelo. Imagínelo *de verdad.*
2. Ahora concédase cinco minutos (ni más ni menos) para hacer una lista de todas las cosas que querría tener, hacer, conseguir o experimentar en esos noventa días.
3. Ahora imagine que le han dado una cláusula de «salida». Si, en la lista que acaba de hacer, puede identificar tres cosas a las que está dispuesto a dedicar el tiempo necesario para lograr hacerlas, entonces podrá vivir hasta haberlas realizado.
4. Así pues, identifique esas tres cosas. Parece que bien podrían ser las cosas que realmente le importan.

¿Le ha parecido que el reto de «Haga menos» es difícil? Si es así, no es el único. Identificar las cosas que más le importan puede ser más complicado de lo que cree.

Aquí tiene otra cosa que puede probar. Imagine que le ha tocado la lotería. ¿Qué haría? La pregunta es un cliché; las respuestas también. «No tendría que trabajar nunca más.» «No tendría que preocuparme del dinero.» «Compraría todo lo que quisiera: coches, casas, viajes, ropa...» «Nunca más tendría que cocinar.» Etcétera.

Vale, de acuerdo. Pero suponiendo que le tocara la lotería, seguiría teniendo que encontrar cosas con las que llenar sus días. Después de levantarse por las mañanas y *no* tener que ir a trabajar, tras consultar la cuenta del banco y ver la cifra de siete números, tras recorrer su casa, inspeccionar los coches en el garaje y todas las demás «cosas», después de tomar el desayuno sano y estupendo que su chef personal le ha cocinado y servido... ¿qué va a hacer?

Saber qué queremos hacer con nuestra vida no es algo que todos sepan de forma automática. Algunas personas lo saben. Por ejemplo, yo tengo la suerte de ser una de ellas. Durante los últimos treinta años, de forma constante y sin interrupción, he querido ser escritor. En realidad, quería ser novelista. En la actualidad, paso parte de mi tiempo escribiendo novelas y mucho tiempo escribiendo no ficción. Si me tocara la lotería, es probable que no llenara mis días de un modo muy diferente de como los lleno ahora. Es probable que escribiera más ficción y menos no ficción. Quizá comprara un coche nuevo, pero es más probable que hiciera arreglar mi viejo Saab Convertible de 1998 y lo volviera a poner en la carretera. Puede que me tomara algunas vacaciones e hiciera algunos viajes más, porque me gusta viajar, y, tal vez, comiera más fuera, porque me gusta la comida y, sin ninguna duda, daría más a obras benéficas, pero, aparte de eso, estoy bastante contento de haber averiguado qué constituye «lo importante» para mí.

¿Y usted?

¡Porque es muy importante! Es claramente importante en nuestra vida laboral. Pero es todavía más importante en nuestra vida en general. Que la vida no es un ensayo es una frase conocida. Y de verdad que no lo es. Sólo tenemos una oportunidad.

Así que, dado que sólo podemos intentarlo una vez, será mejor que nos aseguremos de acabar llevando la vida que queríamos y no otra que sentimos que nos ha sido impuesta, de una u otra manera o que, bueno, pues... nos ha pasado.

Quizá ya sepa qué vida quiere y, si es así, estupendo. Pero si no lo sabe o cree que la ha perdido de vista, entonces, además de lo que acabamos de hacer, hay toda una serie de otros medios para hacerlo.

Basil Fawlty[12] *lo dice muy bien:*

«¡Zoom! ¿Qué ha sido eso? Era su vida, colega. Ha pasado muy rápido, ¿me darán otra? Lo siento, chico, es la que te ha tocado.»

¿Cómo le gustaría pasar el tiempo?

Siempre me ha parecido que el modo en que alguien quiere pasar sus días, semanas y meses es la mejor manera de averiguar qué quiere realmente. Si puede describir su día, semana, mes o año ideal, entonces ya tiene mucho adelantado para averiguar qué quiere realmente, qué es «lo importante» para usted. Bien, ¿cómo va a hacerlo? Eche una ojeada a las preguntas que siguen y vea adónde lo llevan. Anote las respuestas o cualquier otra cosa que se le ocurra.

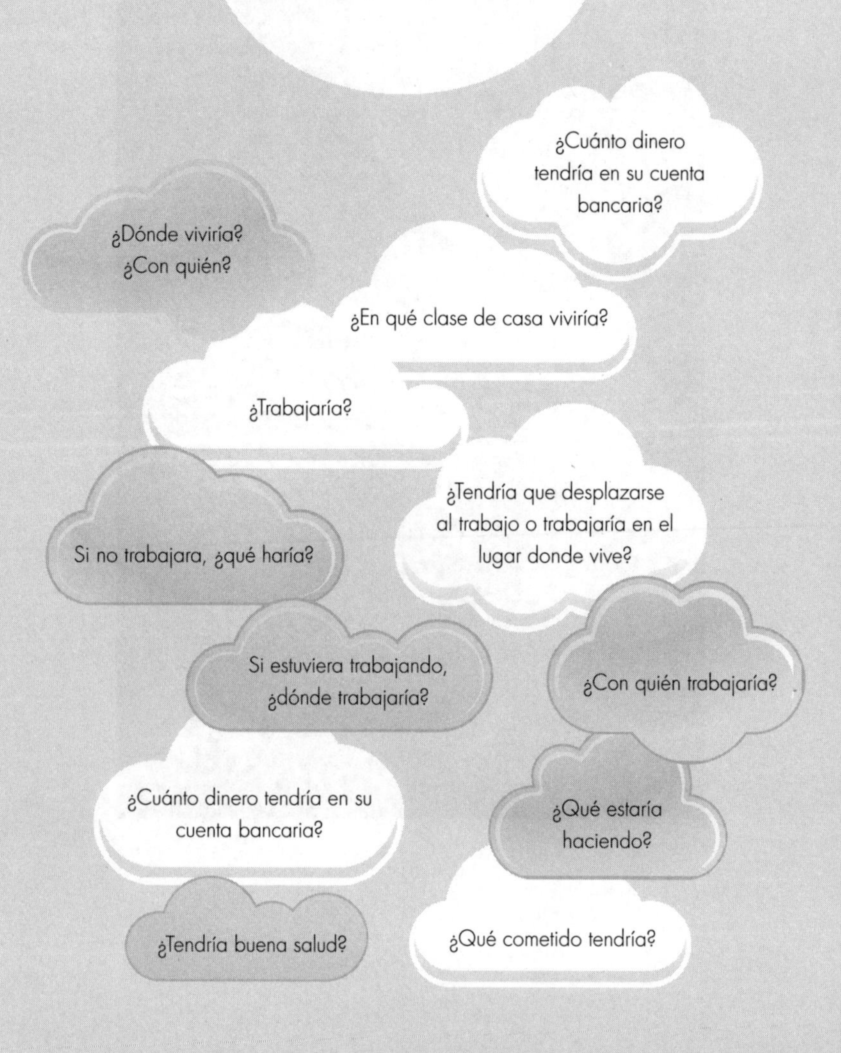

¿Qué cosas compraría?

¿Cómo sabría cuándo ha trabajado suficiente?

¿Con qué clase de cosas llenaría el día?

¿Cómo pasaría una noche típica?

¿Los días entre semana serían iguales que los fines de semana?

¿Cocinaría o saldría a cenar fuera?

¿Tendría ganas de que llegara el lunes o, por lo menos, no le importaría?

¿Lamentaría acabar de trabajar el viernes porque se lo había pasado muy bien?

¿Cómo pasaría el fin de semana?

¿Disfrutaría de más tiempo libre o «tiempo de calidad» (digamos con los hijos, la familia o los amigos) que actualmente?

¿Estaría más ocupado que ahora? ¿Más tranquilo?

¿Se tomaría más vacaciones que hoy en día? Si es así, ¿cuántas más?

¿Hay personas que ahora hacen lo que a usted le gustaría estar haciendo?

Haga menos. Transforme la imagen

Ahora que ha contestado a estas preguntas, tiene una imagen de cómo le gustaría que fuera su vida. Hay cosas que existen ahora y que no ve en esta imagen de su nueva vida. Revise las notas que ha tomado y haga una lista de cuáles son.

Por ejemplo, puede que ahora se desplace al trabajo cada día y en su nueva vida no lo haga. Tal vez ahora haya personas en su vida que no estén en la nueva imagen. Quizá haga un trabajo que no aparece, en absoluto, en la nueva imagen.

Estas cosas que no existen en la «imagen de su nueva vida» son las cosas que tiene que hacer menos, hasta que acaben por desaparecer por completo. Anótelas. Deberían ser las primeras cosas que se ponga como meta cuando llegue a la siguiente parte del libro.

OTROS RECURSOS

Además de hacer las cosas anteriores, hay otros cinco recursos que le recomendaría encarecidamente. Cuatro son libros que le serán de utilidad, si quiere:

- descubrir cuál es su pasión
- poner en marcha una empresa
- conseguir el trabajo perfecto o cambiar de profesión
- cambiar de vida,

lo hará por usted. Son, respectivamente:

- *The Passion Test: The Effortless Path to Discovering Your Destiny.*[13] (El test de la pasión. El camino más fácil para descubrir su destino).
- *Wake Up and Change Your Life.*[14]
- *What Colour is Your Parachute.*[15] (*¿De qué color es tu paracaídas?*)
- *Awaken the Giant Within: How to Take Immediate Control of Your Mental, Emotional, Physical and Financial Destiny!*[16]

Y si va *realmente* en serio respecto a poner en marcha una empresa —y puede permitírselo (quizás incluso si no puede)— consulte http://rhhbschool.com, B-School, de Marie Forleo.

Haga menos. Averigüe qué es «lo importante» para usted

Cerciórese de no dejar este capítulo sin *haber hecho* por lo menos una de las cosas que le proponía en la caja anterior. No sólo las lea, *haga una.*

De nuevo los filtros

Es de esperar que ya tenga realmente claro qué es «lo importante» para usted. Ahora, lo único que necesita son los «filtros» de que hablábamos y ya puede empezar a eliminar todo lo que no sea «lo importante». Imagine lo agradable que va a ser.

Está claro que necesitamos un filtro para decidir qué vamos a hacer y qué no vamos a hacer. Además, para las cosas que decidamos *no hacer*, necesitamos contar con un medio de «matarlas». Si no podemos hacerlo, entonces seguirán asomando la cabeza y atormentándonos. Estos dos aspectos forman este primer filtro.

Y luego, para las cosas que *decidamos* hacer, queremos hacerlas con el mínimo esfuerzo posible. Ello significa hacerlas tan eficientemente como sea posible, con un mínimo de enfrentamientos y sorpresas desagradables. Lo llamamos «hacer las cosas como usted quiera».

Aquí tiene, pues, los dos filtros:

1 Uno para determinar qué hacer y qué no hacer, y como parte de esto, «matar» lo que decidamos no hacer.
2 Uno para conseguir hacer lo que decidamos hacer, como nosotros queramos hacerlo.

A su vez, esto nos permitirá hacer «lo importante». Problema resuelto.

Describimos los filtros en la siguiente parte del libro, así que en marcha. Ah, y aquí tiene un «Haga menos» para que se entretenga hoy.

Haga menos. **¿Ha hecho «lo importante»?**

Hoy, cuando acabe el día, vea qué cosas ha hecho realmente. ¿Cree que eran «lo importante»? Si no es así, ¿por qué las ha hecho? Y la próxima vez, ¿qué cambiaría para evitar hacerlas?

Dedique un poquito de tiempo a esto. Estaría bien anotar lo que piensa.

«La clave no está en priorizar lo que hay en su programa, sino en programar sus prioridades.»

[STEPHEN COVEY, autor y orador motivacional]

Capítulo 5

FILTRO NÚMERO UNO: HACER O NO HACER

Si hemos de hacer lo importante, entonces tenemos que eliminar todo lo que no lo sea. Y hay que hacerlo tanto en el trabajo como en el resto de nuestra vida.

El filtro número uno es dónde lo hacemos, dónde tomamos las decisiones cruciales sobre a qué dedicar —y a qué no dedicar— nuestro precioso tiempo. Este filtro dice que necesitamos aprender a priorizar rabiosamente. Como veremos, esto tendrá como resultado que algunas cosas pasarán el primer filtro y otras no. Para las que no lo pasen, necesitamos un medio para hacer que desaparezcan, a fin de que no sigan molestándonos. Hablaremos de las dos cosas, una tras otra.

Priorizar rabiosamente

Liquidemos la priorización en primer lugar, porque creo que hay algo de confusión sobre lo que esto significa realmente. A veces, oímos que alguien dice: «Tengo cinco cosas que hacer con una prioridad uno, diecisiete con una prioridad dos y cuarenta y nueve con una prioridad tres». Eso *no es* priorizar.

Priorizar es coger una lista de cosas que hacer y decir: «Si sólo pudiera hacer una de las cosas de esta lista, ¿cuál sería?» Esa se convierte en nuestra prioridad número uno. Luego cogemos el resto de la lista y hacemos la pregunta de nuevo. «Si sólo pudiera hacer una cosa, ¿cuál sería?» Esa es nuestra prioridad número dos. Después, cogemos la lista restante, hacemos la pregunta de nuevo y, así, hasta establecer prioridades para toda la lista. De ese modo, cada punto es más o menos importante que cualquier otro y no se puede tener una prioridad conjunta —7A y 7B, por ejemplo.

Lo que esto significa en realidad es que algunas cosas son sumamente, enormemente, increíblemente importantes y que muchas otras... bueno, pues no lo son. Lo que hacemos es lo siguiente:

Divida lo que tiene que hacer entre lo que es sumamente importante y lo que no lo es.

(Es probable que tenga que) llegar a un acuerdo con alguien más. En el trabajo esa persona será, probablemente, su jefe. Fuera del trabajo, podría ser la persona o personas con las que vive.

Priorice lo que es sumamente importante.

Haga desaparecer el resto de las cosas; como describiremos más adelante, en este mismo capítulo.

Y ahora, ¿cómo hace que funcione? ¿Cómo se asegura de que se ciñe a hacer sólo lo importante? ¿Y qué pasa si alguien cuestiona lo que debe y lo que no debe hacer? Puede que su pareja le pida constantemente que haga algo que usted cree que no es un buen uso de su tiempo. O el jefe le asigna una tarea que usted no cree que vaya a añadir ningún valor. En ese caso, hay dos cosas que tiene que hacer, de forma constante. Debe:

- Ceñirse conscientemente a hacer sólo «lo importante».
- Cuestionar, continuamente, qué es «lo importante».

Cíñase conscientemente a hacer sólo «lo importante»

Cuando le pidan que haga algo —sea en el trabajo o en el resto de su vida— que es sumamente importante, le dedicará tiempo, energía, entrega, destreza, experiencia, conocimiento, pasión, buena voluntad, incluso amor. Todas esas cosas buenas de las que es capaz.

No obstante, si lo que le piden que haga no está en su lista de cosas sumamente importantes, hará que desaparezca. Religiosamente. Cada vez. Y tiene que ser muy estricto. No se eche atrás. Y si alguien se queja o tiene un problema con esto, dígale muy claramente: «Hemos acordado qué cosas importan y cuáles no importan».

[Si sólo pudiera hacer una única cosa de la lista, ¿cuál sería?]

Cuestione continuamente qué es «lo importante»

Bien, está haciendo un esfuerzo consciente para hacer justo lo importante. Pero sigue habiendo algo más que puede hacer para centrarse sólo en hacer las cosas que de verdad importan.

Habrá algo en su lista de cosas sumamente importantes que, claramente, siempre estará ahí. En mi empresa de gestión de proyectos, por ejemplo, tengo dos prioridades. En este orden:

1 Proporcionar servicios a los clientes existentes.
2 Conseguir nuevos clientes.

Son dos cosas que nunca van a cambiar, mientras continúe en este trabajo. Y no tendría sentido que eliminara ninguna de las dos de mi lista. Siempre serán mis cosas sumamente importantes. Usted tendrá en su lista cosas parecidas cuya presencia ni se discute.

Pero puede haber otras cosas en su lista de las que no esté tan seguro. Sospecha que incluso aunque podrían parecer importantes, quizá no lo sean; no está convencido. Su teoría es que, en realidad, no añaden valor y no suponen un buen uso de su tiempo. También puede ser que su jefe, por ejemplo, haya decidido que *todo* lo que usted hace es sumamente importante.

En cualquiera de los dos casos, esto es lo que puede hacer. Tiene que poder a prueba su teoría. Tiene que probar, de una vez por todas, si algo es sumamente importante o no.

La única manera de poder comprobar realmente si algo es sumamente importante es *no hacerlo*... y ver qué pasa. Si el cielo se desploma sobre su cabeza, entonces está claro que era importante. Si no lo hace, entonces no lo era. Veamos algunas maneras en que puede hacer la prueba.

[Si el cielo se desploma sobre su cabeza, entonces está claro que era importante.]

Empiece por las cosas que tienen la prioridad más baja en su lista. Digamos que hay una reunión a la que asiste cada semana y no está convencido de que esa asistencia sea hacer un buen uso de su tiempo. Dejémoslo claro: no estoy diciendo que todas las reuniones sean una pérdida de tiempo. Algunas reuniones son inmensamente útiles, en ellas se solucionan problemas, se hacen avanzar proyectos, se toman medidas decisivas, etcétera. Pero creo que tendría que decir que, según mi propia experiencia, alrededor del 80 por ciento de las reuniones en las que he estado a lo largo de mi vida han sido una pérdida de tiempo total y absoluta. Pero puede que sólo sea yo.

Además, seamos igualmente claros: la razón de que propongamos dejar de acudir a esa reunión no es para que podamos simplemente saltárnosla. Es que creemos que no es hacer buen uso de nuestro precioso tiempo y que nos proponemos dedicar ese tiempo a algo más útil e importante.

En cualquier caso, volvamos a su reunión. Si cree que podría no ser un buen uso de su tiempo, no vaya. Observe también que hay muchas maneras para dejar de ir a una reunión:

- La mejor manera es decir que no podrá asistir porque está haciendo esta otra cosa que es más importante. (Y podría pedirle a alguien que tome notas para usted.)
- Otra buena manera es ser franco y decirle discretamente/ enviarle un mensaje a la persona que organiza la reunión o a su jefe explicando por qué cree que asistir no es hacer un buen uso de su tiempo.
- También podría decir: «¿Puedo intervenir yo primero?» Y luego marcharse.
- O podría decir: «Llámeme, si me necesita».

Bien, así pues, no va a la reunión. Como resultado, pueden pasar dos cosas. Que el cielo se le desplome encima de la cabeza porque la reunión sí que era increíblemente importante y su asistencia era crucial... o que no sea así. Si el cielo se desploma, ahí tiene su respuesta. Pero si esto no sucede, eso significa que ha recuperado una pequeña parte de su preciosa vida para hacer algo más importante. Sin embargo, más significativo es que, quizá, su presencia en la reunión no era tan importante. Y dado que ahora hay un precedente para no asistir, puede dejar de ir de nuevo. Y es posible que, con el tiempo, su pequeña victoria se convierta en una victoria mayor cuando deje de asistir a esa reunión por completo.

«¡MUCHOS PIENSAN QUE SOY UN GANDUL!»[17]

La cita es de Daniel Day-Lewis, considerado unánimamente uno de los más grandes actores cinematográficos del mundo. Sin embargo, en los últimos dieciséis años, sólo ha hecho seis películas. De los largos periodos entre películas dice: «Es ese periodo de tiempo lo que me permite hacer el trabajo (las películas). Así que las dos cosas (los rodajes y los descansos entre rodajes) son indivisibles. Son parte de la vida que me permite explorar el trabajo de un modo que me satisfaga».

Hace menos (las pausas entre películas) para poder hacer más (las extraordinarias interpretaciones que hace en sus películas). (Y si no está convencido de esto, vaya a ver *Lincoln*, de Steven Spielberg.)

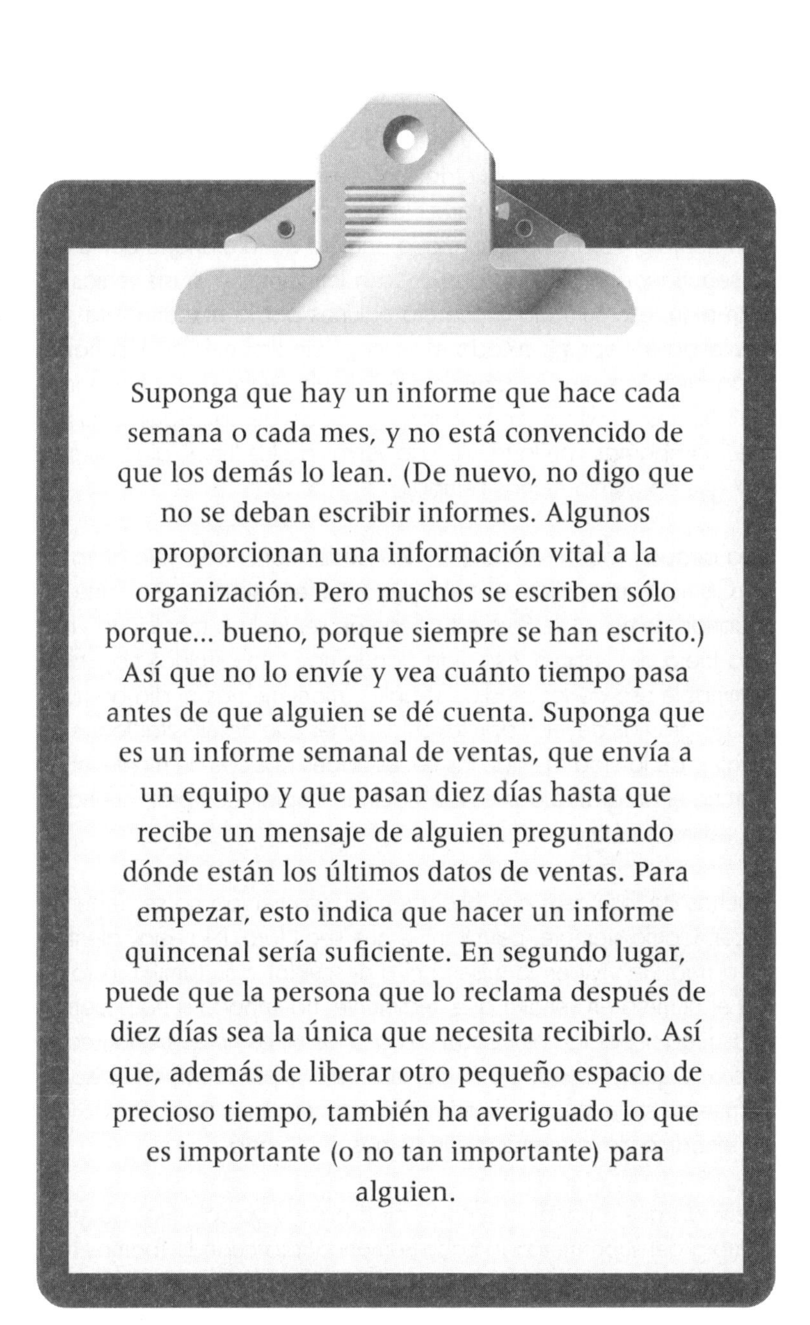

Suponga que hay un informe que hace cada semana o cada mes, y no está convencido de que los demás lo lean. (De nuevo, no digo que no se deban escribir informes. Algunos proporcionan una información vital a la organización. Pero muchos se escriben sólo porque... bueno, porque siempre se han escrito.) Así que no lo envíe y vea cuánto tiempo pasa antes de que alguien se dé cuenta. Suponga que es un informe semanal de ventas, que envía a un equipo y que pasan diez días hasta que recibe un mensaje de alguien preguntando dónde están los últimos datos de ventas. Para empezar, esto indica que hacer un informe quincenal sería suficiente. En segundo lugar, puede que la persona que lo reclama después de diez días sea la única que necesita recibirlo. Así que, además de liberar otro pequeño espacio de precioso tiempo, también ha averiguado lo que es importante (o no tan importante) para alguien.

Otro ejemplo de poner a prueba los límites es que quizá haya algo que es parte de su trabajo y que se ha hecho de una determinada manera desde que se recuerda. En nuestra empresa, por ejemplo, teníamos la reunión de ventas el lunes por la mañana. Era una reunión *horrible*. Para empezar, era lo primero de la mañana del lunes. En segundo lugar, estaba dedicada a las ventas y, si las ventas no iban bien, eso sumado a que era el lunes por la mañana, era suficiente para deprimir a todo el mundo. Finalmente, podría haber hasta diez personas y, normalmente, duraba entre dos y tres horas. Al final, nos rendimos. Encontramos un modo de conseguir lo mismo que lográbamos con la reunión de ventas de los lunes, algo diferente y que consumía menos tiempo.

Para acabar, todo esto no debería quedar confinado sólo al trabajo. Como hemos visto, el trabajo contiene muchas cosas que no importan demasiado. Pero esto debe de ser incluso más cierto en la vida fuera del trabajo, esa vida donde hay tanto «ruido» hoy. El interminable uso de los medios sociales, mantenernos al día de nuestros programas de televisión favoritos, tener que administrar todos los detalles de la vida familiar, las necesidades básicas de mantener en marcha el programa doméstico: cocinar, limpiar, comprar, quehaceres varios, etcétera.

Muchas de las cosas que absorben nuestro tiempo no se deberían hacer. Como siempre, permítanme que sea claro. No estoy alentando a nadie a vivir en la miseria ni a descuidar a su familia. Pero no soy el primero en señalar que, realmente, no importa si no pasamos el aspirador por la casa cada día o si los niños no se bañan cada noche, y que el mundo no se detendrá si nos perdemos un episodio de nuestra serie favorita de televisión o no tenemos tiempo para leer el periódico de la mañana que hemos comprado.

Recuerdo que, cuando me casé, mi esposa y yo solíamos hacer la compra del supermercado cada semana. Para cuando íbamos hasta allí, hacíamos lo que teníamos que hacer y volvíamos a casa, por lo general habíamos agotado la mañana del sábado. No sólo eso, además no era muy divertido empujar el carrito por un enorme supermercado y luego unirnos a las inevitables largas colas, ya que todos los demás hacían lo mismo que nosotros. En un mes, esas mañanas del sábado sumaban algo más de dos días completos. Y no sólo de días normales sino de fines de semana; en cierto sentido, los días más preciosos de todos.

Al final, aprendimos. Pasamos a hacer una compra de supermercado una vez al mes. Luego, cada día, uno de los dos compraba lo que necesitábamos. Por lo general, eran cosas frescas como carne, fruta y verduras. Las comprábamos en un mercado o una tienda del barrio o en algún establecimiento especializado.

¿El resultado? Para empezar, nos ahorrábamos la mayor parte de dos días de fin de semana al mes. En segundo lugar, acabábamos tirando muchas menos cosas cuya fecha de caducidad había vencido. Y, finalmente, comíamos y bebíamos mucho mejor porque encontrábamos todo tipo de tiendas y cosas interesantes en esas tiendas. (Viví en Francia ocho años y allí la mayoría compra la comida cada día. Los franceses aciertan en eso.)

Hay mucha vida por vivir. No deje que esas otras cosas interfieran.

Así pues, en resumen, tanto en el trabajo como en la vida en general, si hay cosas que cree que no son una buena inversión de su tiempo, ponga a prueba su teoría. Pronto descubrirá y quizá podrá enviar algunas cosas de la lista de «sumamente importante» a la de «no es importante» y cada vez que lo haga, se apuntará una pequeña y dulce victoria.

Hágalo realidad

En definitiva, lo que decida el éxito de todo esto será lo que haga o deje de hacer cada día. Por eso, en la caja que sigue encontrará el medio para asegurarse de que cada día resulta como quería que resultara. (Si conoce y usa la idea de lo «primero es lo primero» y «los cuatro cuadrantes» de Stephen Covey,[18] eso también le aportará el mismo resultado.)

HAGA MENOS. **Planee su día y haga lo importante**

Al final de cada día (es decir, lo último que haga antes de irse a casa), coja su lista de cosas que hay que hacer al día siguiente y categorícelas según este esquema:

HAGA MENOS. **Diga «no» en el trabajo y en la vida**

Durante la próxima semana, diga «no» religiosamente a las cosas que no sean sumamente importantes. Cada vez que lo consiga, apúntese una pequeña victoria. Cada vez que fracase, pregúntese por qué y decida cómo no va a fracasar la próxima vez.

A — Tengo que hacer esto mañana. No puedo irme a la cama mañana sin haberlo hecho. Los planetas chocarán y las estrellas caerán si no consigo hacerlo.

B — Estaría bien hacer esto mañana, pero no es obligatorio.

C — Siendo realista, no voy a conseguir hacer esto mañana.

D — Puedo delegarlo. Se hace y yo no lo hago. ¡Genial!

Luego, cuando llegue al trabajo mañana, haga todas las D y todas las A y váyase a casa.

«¿Y qué pasa con las B?», oigo que pregunta. «Nunca dejes para mañana lo que puedas hacer hoy.» ¿No es eso lo que dice el refrán? Bueno, en realidad en esto, Thomas Jefferson, de quien se dice que es el autor de la frase, se equivocó. Veamos un análisis más inteligente. Si no tiene que hacerse hoy, entonces es cosa del futuro. Si es algo del futuro, siempre existe la posibilidad de que las cosas cambien y que resulte que no tengamos que hacerlo. Vaya tragedia, entonces, haber dedicado nuestro precioso tiempo a ello. Reconozcámoslo, no es algo que suceda con mucha frecuencia, pero qué agradable es cuando sucede.

Dos cosas más, para terminar. ¿Qué pasa si llega el final del día, se va a casa y una de sus A se queda sin hacer? Entonces, está claro que, para empezar, no era una «A». Cuanto más severo/intransigente sea al elegir las A, mejores resultados tendrá.

¿Qué pasa si surge algo nuevo durante el día? Pues, entonces, necesita categorizarlo como «A», «B», «C» o «D» y actuar en consecuencia. (Pero no olvide que siempre cabe la posibilidad de negociar y cambiarlo por una de las «A» existentes: «Puedo hacerlo (lo nuevo) pero entonces no puedo hacer esto otro (lo ya existente)».)

Hacer desaparecer cosas

¿Recuerda la imagen que había en el capítulo 3, con todo lo que nos pedían que hiciéramos cayendo por la parte superior del embudo? Hay que hacer que las cosas que no consiguen superar el primer filtro desaparezcan. Si no lo hacen, podemos imaginar que acabarán atascando la boca del embudo.

La manera en que vamos a hacer que desaparezcan es lo más sencillo que pueda imaginar: va a decir, simplemente, «no». Para ser precisos, va a decir «no» *amablemente*.

Imparto un curso *online* sobre *El poder de hacer menos* y un participante me envió un mensaje electrónico recientemente sobre la cuestión de decir «no» y la liberación que trae consigo. «Me he negado a hacer un viaje de tres horas —ida y vuelta— por carretera, con tres niños de menos de 6 años y, poco después, una versión de dos horas, ida y vuelta, del mismo viaje, hace sólo media hora. ¡Me encanta la sensación de alivio!»

Paradójicamente, y al contrario de lo que se podría esperar, no hacer algo exige trabajo. Ese trabajo procede de hacer desaparecer algo. Sin embargo, lo que queremos es que la cantidad de trabajo requerida para hacer que algo desaparezca resulte ser mucho, muchísimo menor que el que habría requerido hacerlo.

Hay cosas que no deberían hacerse, en absoluto. No obstante, no es suficiente decir que no vamos a hacerlas. Tenemos que encontrar el medio de hacer que desaparezcan, para que no sigan asomando la cabeza una y otra vez y obligándonos a ocuparnos de ellas, una y otra vez.

[Hay cosas que no deberían hacerse, en absoluto.]

La manera de hacer que algo desaparezca es decir «no» amablemente.

«No puedo hacerlo por razones personales.»

«En realidad, no soy experto en esa materia.» / «Charlie lo haría mejor.»

«¿Me deja que lo piense?» (E —idealmente— esperar que desaparezca.)

«No, gracias.»

«¡No puedo hacerlo, porque soy zurdo.»

«Puedo hacer esto (lo que le han pedido), pero entonces, no puedo hacer eso.»

«Tendrá que hablar con mi jefe sobre eso.»

«Eso no forma parte de la descripción de mi trabajo.»

«Tengo mucho trabajo o tengo un plazo de entrega (o lo que sea) en estos momentos. ¿Podría volver a pedírmelo, digamos, mañana?»

«Tengo una cosa del trabajo (o de casa) que hacer.»

«Me duele la cabeza.»

«¿Por qué no hacemos algo divertido, en lugar de eso?» (Más para usar en la vida personal que en el trabajo.)

«No tengo tiempo.»

«Lo siento. No me sentiría cómodo haciendo eso.»

«Lo siento, tenemos un compromiso anterior/otros planes.»

«En estos momentos, no es una de mis prioridades.»

«No podré hacerlo hasta dentro de un tiempo.»

«No podré hacerlo antes de la semana que viene (o cuando sea).»

Maneras de mostrar que no quiere que lo molesten.

Compre o haga un letrero que diga «Su falta de planificación no es una urgencia para mí», y cuélguelo en su despacho. (He visto, de verdad, que alguien se dirigía hacia el cubículo de alguien, veía el letrero y daba media vuelta.)

Vaya a algún lugar donde no lo molesten. La mejor manera de hacerlo es encontrar un sitio donde nadie suponga que estará. Su esperanza es que «si no te ven, no piensan en ti» y, como resultado, no le pedirán que haga cosas. Esto significa que podrá dedicar el tiempo que gane a cosas importantes. Así pues, vaya a otra parte del edificio, a otro piso, a una sección o departamento diferentes. Reserve una sala de reuniones y trabaje allí. Trabaje en el bar, la cafetería o el restaurante. Trabaje en un café cercano, si lo hay. Trabaje en casa, si puede hacerlo. Y si no es así, empiece a luchar para poder hacerlo.

Cierre la puerta. Esto supone que (a) tiene una puerta y (b) que, por lo general, está abierta, de forma que cuando esté cerrada, todos sabrán que está haciendo algo importante.

Póngase unos auriculares mientras está sentado a su mesa.

No conteste el teléfono.

Finja que no está. «Pase, déjelo y márchese», como decía alguien que yo quería, dirigido a los que llamaban a la puerta.

Divida la jornada en periodos de tiempo delimitado (digamos de 10 a 12 y de 14 a 16). Luego, si llega alguien a las 09.50, le da 10 minutos de su tiempo, energía y entrega. Le dice: «Siéntese, ¿qué puedo hacer por usted?», o algo por el estilo. Si alguien llega a las 10, le pregunta si puede volver a las 12.

Cuando alguien llega y le interrumpe, diga «En estos momentos, estoy muy metido en esto» / «Voy muy apretado de tiempo» (sin importar que sea verdad o no) / «Ahora mismo, estoy tratando de entender este problema» / «Estoy aquí tratando de dividir el átomo» / o lo que sea.» / «¿Le sería posible volver dentro de una hora?» Según mi experiencia, casi todo el mundo respeta esto, nadie se ofende y ¿sabe qué?, a veces no vuelven. Y, a veces, cuando vuelven, tienen varias cosas de las que quieren hablar. (Creo que todos conocemos a gente de la que podríamos decir que son «*interrumpidores* en serie».)

Compruebe su correo electrónico sólo una o dos veces al día. Es un consejo muy provechoso, como también lo es desconectar esa cosa del ordenador que suena «ding» cada vez que llega un mensaje.

Modos de cribar a los que malgastan el tiempo

Escriba un aviso para colgarlo fuera del despacho que diga algo así: «Me voy de vacaciones y no volveré hasta (fecha). Cuando vuelva, vaciaré el contenido de mi bandeja de entrada. Así que, por favor, póngase en contacto conmigo a mi vuelta». (La vida es realmente demasiado corta para revisar varios cientos de mensajes, la mayoría de los cuales no son importantes.)

Diga: «¿Podría enviarme un correo sobre el asunto?» Esto es, por ejemplo, lo que los servicios de asistencia hacen todo el tiempo; es la idea de «coja número». Es la primera prueba a la que nos someterán, para ver si vamos en serio respecto a un problema. Si alguien no está dispuesto a escribirle un mensaje electrónico sobre algo, puede suponer, con bastante certeza, que es probable que ese algo desaparezca.

Diga «por supuesto» y luego no haga nada. Si es importante, se lo pedirán de nuevo (o vendrán a ver qué tal va o algo parecido) y si no lo es, está claro que es algo que se puede solucionar sin usted.

No devuelva una llamada perdida si el que llama no deja un mensaje de voz. Está claro que no es tan importante.

Muestre lo sobrecargado de trabajo que está. «Si le interesa, envíeme un correo y le enviaré una sencilla hoja de Excel para calcularlo.»

En lugar de limitarse a decir «sí» a algo, trate de poner en duda, cada vez, el plazo que le dan. Doble ese plazo y pregunte: «¿Le iría bien?» Por ejemplo, si alguien viene a mediodía y le dice: «¿Podría tenerlo listo hoy antes de cerrar?», pregunte: «¿Le iría bien mañana por la mañana?» O si alguien dice: «¿Podría revisarlo en algún momento de la semana que viene?», responda: «No estoy seguro de poder hacerlo en una semana. Podría hacerlo en dos semanas». Se quedaría asombrado de la frecuencia con que la gente dice: «Sí, está bien, gracias». Y todos hemos tenido la experiencia de rompernos el alma para acabar algo sólo para encontrarnos con que la persona para la que lo hemos hecho dice: «Ah, estupendo. Es genial. Pero la semana que viene habría servido».

Ocúpese de cada correo electrónico sólo una vez. Haga una de estas cuatro cosas: responda, reenvíe, archive o borre. No lo deje languideciendo en su bandeja de entrada, donde sólo continuará atormentándolo.

Esto me lo ha dicho un amigo mío. Yo se lo transmito y usted puede tomar su propia decisión al respecto. Diría que es una medida muy extrema para unas circunstancias muy extremas. (Mi amigo, por ejemplo, sólo lo ha hecho una vez.) Declárese en bancarrota de correos electrónicos; es decir, envíe un mensaje general (como una respuesta de: «Estoy fuera del despacho») diciendo que el servidor se ha muerto y lo hemos perdido todo. Dígale a sus contactos que si tienen una petición con una alta prioridad para usted, por favor se la reenvíen y se ocupará de ella en cuanto hayan restablecido el sistema. La única vez que mi amigo lo hizo consiguió una reducción de más del 90 por ciento de las «peticiones». ¡La mayoría de los mensajes que recibió fueron de condolencia!

¿QUIERE HACERSE RICO? NO HAGA NADA

¿Quiere hacerse rico como Warren Buffett? El multimillonario inversor y presidente de Berkshire Hathaway es muy conocido por este consejo: «No venda sus acciones. Por el contrario, compre y conserve».

Buffett cree que la gente vende sus acciones demasiado rápido y por las razones equivocadas. En lugar de pensar como inversores, saltan de sector en sector y de acciones en acciones con la esperanza de forrarse rápidamente, mientras tratan de evitar, todo el tiempo, estrellarse contra las rocas.

El problema de esta clase de operaciones es que el costo de tanta actividad elimina cualquier posibilidad que tenga el inversor de cosechar la recompensa de ser el propietario de las acciones. Para invertir como Warren Buffett, hay que llegar a ese punto en que podamos cosechar los beneficios; lo cual puede llevar tiempo.

Cuando sus acciones están subvaloradas, Buffett no hace *nada;* las conserva, en lugar de venderlas. Este planteamiento ha hecho que sea más rico que Creso.

¿QUÉ PASA SI SU TRABAJO ES TOTALMENTE IMPREVISIBLE?

Puede que usted sea una de esas personas cuyo trabajo está muy sujeto a lo que sucede. Con esto me refiero a que una gran parte de su tiempo lo pasa reaccionando ante peticiones imprevisibles que llegan a usted. Puede que sea el encargado/a de una línea o servicio de ayuda. O quizá dirija un equipo que puede acudir a usted, de improviso, con consultas o problemas.

Las personas con un trabajo así suelen decir que responder «no» amablemente no es para ellos y que, sencillamente, tienen que lidiar con todo lo que se presenta. Puede que sea verdad, pero sigue habiendo cosas que puede hacer para conseguir más control sobre a qué dedica su tiempo. Así pues, si es usted una persona con un trabajo de esa índole, esto es especialmente para usted, porque... es posible planear lo inesperado.

¿De verdad?

Sí. Y podría empezar ya.

Cada día, durante cinco días, anote cuánto tiempo gasta en esas interrupciones. Digamos que en horas es más o menos así:

Lun.	Mar.	Miér.	Jue.	Vier.
5	3	3	2	7

Sume estas horas y tendrá 20. Divida por 5 (el número de días entre semana) y tendrá 4. Esto quiere decir que, como promedio, dedicamos cuatro horas al día a esas interrupciones. Así que planéelo a partir de ahora. Incluya cuatro horas en su programa cada día para lidiar con las interrupciones. (Y regístrelas porque es posible que el número varíe con el tiempo. Quizás es algo estacional o que tenga que ver con un cierto momento del mes/año/trimestre.) Si sabe que, cada día, parte de su tiempo se va a ir en interrupciones, lo más absurdo es pretender que el tiempo para ocuparse de las interrupciones es cero.

Le recomiendo esto encarecidamente a cualquiera con un trabajo así.

[Ocúpese de cada correo electrónico sólo una vez. Haga una de estas cuatro cosas: responda, reenvíe, archive o borre.]

Haga menos. Practique decir «no» amablemente

Elija cinco maneras de decir «no» amablemente. Trate de poner en práctica cada una de ellas por lo menos una vez a lo largo de un día.

«"Esto demuestra lo que se puede hacer si nos tomamos una pequeña molestia", dijo Eeyore. "Primero cerebro y luego trabajo duro. Mírala. Así se construye una casa".»

[A. A. MILNE, *The House of Pooh Corner*]

Capítulo 6

FILTRO NÚMERO DOS: HACERLO A SU MANERA

Antes hemos hablado de la liberación. Espero que pueda ver que el filtro número uno, «Hacer o no hacer», le proporciona esa liberación. Cada vez que dice «no» a algo que no importa, libera tiempo para las cosas que sí que importan.

Aparte del tiempo extra que encuentra cada día, también debería sentir (o redescubrir) algo nuevo. Para empezar, debería experimentar una mayor sensación de claridad. Antes, quizá le pareciera que sólo había una enorme lista de cosas que requerían su esfuerzo, con la esperanza de eliminarlas. Ahora, ve que algunas cosas importan muchísimo y montones de otras cosas carecen realmente de importancia. Y cada vez que invierte tiempo, y progresa, en algo que tiene una enorme importancia está —en un sentido muy real— viviendo la vida que se supone que ha de vivir.

En el trabajo debería experimentar una nueva sensación de satisfacción y libertad creativa. Va dedicando tiempo a las cosas que cuentan y haciéndolas bien de verdad. Está consiguiendo tiempo para respirar, pensar y ser creativo. Se ha librado de lo inútil y sin sentido para centrarse en lo que define realmente su trabajo. Está rindiendo unos resultados mucho mejores para las horas que dedica; está consiguiendo el máximo beneficio de su esfuerzo. Y esto debería ser visible para usted, para su jefe y para los demás con los que trata.

En su vida personal, debería sentir que esto es mucho más cómo querría que fuera su vida. Llegado a este punto, algunas personas dicen sentir que «no puede ser mejor que esto».

Así que puede entender que aunque, a primera vista, este filtro quizá parezca muy simple, de hecho, le da un poder inmenso. Y si este libro fuera a terminar aquí mismo, ya tendría todo lo necesario para realizar grandes cambios en su vida.

Pero todavía no hemos terminado. Aún tenemos un arma en nuestro arsenal. Y es todo un bombazo. Se trata de garantizar que cuando haga algo, lo haga:

- Tan eficientemente como sea posible.
- Con el mínimo de pérdida de tiempo, esfuerzo, energía, recursos y dinero.
- Con las menos sorpresas desagradables posibles.
- Con el mínimo de imprevistos.
- Con el mínimo estrés.

Lo llamamos «Hacer las cosas a su manera».

ESPERE HASTA QUE PIQUE LA LUBINA

Muchos pescadores creen que si mueven el cebo de un lado para otro, si son «activos», aumentan las posibilidades de pescar algo. No obstante, si lo que quiere atrapar es una lubina, la mejor manera es dejar el cebo «muerto». Se trata, sencillamente, de lanzar el hilo al agua y dejarlo ahí, quieto... quieto... quieto. Los pescadores irritados azotan el agua, de un lado para otro, sin pescar cada. Pero el pescador sabio deja que su señuelo se hunda hasta el fondo y deja el hilo flojo. Entonces sólo tiene que esperar hasta que la lubina pique.

Hacer las cosas a su manera

Veamos primero las cosas que le pueden pedir que haga; las «peticiones» que le llegan. En el trabajo, pueden ir desde «¿Le importa ocuparse de esta menudencia?» hasta «Me gustaría que se encargara del proyecto X». Pero tanto si es algo pequeño como un trabajo a gran escala, con miles de participantes, la petición casi siempre va acompañada de algunas condiciones obligatorias.

Se trata de cosas como «Lo necesito hoy, antes de las cuatro». O «Le doy el proyecto X. Ya se ha fijado el presupuesto en dos millones y tendrá que hacerlo con el equipo que tiene actualmente». O «El alcance de este proyecto se ha acordado con el cliente y la fecha que Ventas le ha dado es el 30 de septiembre». Ya sabe de qué hablo.

Es justo decir también que estas condiciones pueden ser autoimpuestas. En el trabajo, hay una cultura de «no podemos decir que no», que hace que nos sintamos presionados. Fuera del trabajo, puede que sintamos ciertas obligaciones para bailar al son que tocan, para hacer las cosas que «ellos» quieren que hagamos.

Lo primero que hay que comprender es que no es necesario aceptar esas condiciones. Esto es especialmente cierto en el trabajo. Si las acepta, y resultan imposibles de cumplir, va a acabar metido en un agobio de mil demonios. Trabajará por las noches, los fines de semana, no tendrá días festivos, estará estresado y el trabajo consumirá todo su tiempo. No sólo eso: puede que haga todo lo anterior y siga viendo que es imposible cumplir las condiciones. Un enorme gasto de dinero, recursos, tiempo, energía, estrés y tiempo, todo por nada. En resumen, justo lo contrario de lo que tratamos de conseguir con este libro.

Aquí tiene un consejo: deje de tratar esas condiciones como si procedieran directamente de Dios. Porque esto es exactamente lo que hacemos. Nos dicen algo como «Lo quiero hoy, antes de las cuatro» o «Tiene que estar hecho antes de que acabe el trimestre», y tratamos estas peticiones como si tuvieran una trascendencia religiosa. Deje de pensar en ellas de ese modo. Piense, más bien, que son una carta a Papá Noel.

[Piense en las peticiones como si fueran una carta a Papá Noel]

Expliquémoslo: todos hemos escrito cartas a Papá Noel, donde decíamos: «Querido Papá Noel, esto es lo que querría para Navidad». Pero ¿cuántas veces nos hemos lanzado escaleras abajo el día de Navidad para encontrarnos con que nos han traído algunas cosas, pero otras no? Porque, sencillamente, el mundo no es así, un lugar donde podemos decir «Esto es lo que quiero» y ahí está.

El mundo del trabajo no es diferente. Sí, los jefes u otras personas pueden querer ciertas cosas. Sí, puede que haya razones empresariales perfectamente buenas para que quieran esas cosas. Pero si lo que piden no se puede conseguir, tenemos que decírselo y decirles qué *se puede* conseguir.

Y todo lo precedente es aplicable también a nuestra vida personal. Sí, ciertamente, hay muchas cosas que queremos conseguir —mudarnos a otra casa, comprar un coche nuevo, irnos de vacaciones a un sitio donde siempre hemos querido ir, poner en marcha nuestra propia empresa— y habremos establecido nuestras propias condiciones para ellas. Pero, una vez más, es preciso que sepamos si es posible o no cumplir esas condiciones.

Puede que, por ejemplo, siempre haya querido poner en marcha una empresa, pero le parece que sin capital para empezar, no lo puede hacer. Sin embargo, hoy más que nunca, las barreras para fundar una empresa son bajas de verdad. Muchos negocios —en especial los *online*— se pueden poner en marcha con una cantidad de dinero irrisoria. (¡Yo puse en marcha mi empresa con una *deuda* de 50.000 euros! Aunque no lo recomiendo, demuestra que es posible eliminar las limitaciones autoimpuestas; también conocidas como convicciones limitadoras.)

El modo en que vamos a hacer las cosas a nuestra manera es elaborando un plan, poniéndonos de acuerdo con quienquiera que necesitemos hacerlo y luego ejecutando dicho plan.

Puede que en algún momento de su vida, haya oído que alguien decía: «No tenemos tiempo para planearlo, sencillamente hazlo». Decir esto siempre es un error. Si no elaboramos un plan, gastaremos/malgastaremos más tiempo, esfuerzo, recursos y dinero para llevar a cabo el proyecto; a veces, cantidades enormes de estas cosas. En esencia, el filtro número dos nos dice que un poco de planificación siempre es mejor que tener que correr luego para apagar un montón de incendios.

Y, si acaso, empiezan a ocurrírsele frases como «Gastar todo el tiempo planificando», «No podemos cubrir cualquier minúscula eventualidad», «Si dedicamos todo el tiempo a planificar, no nos quedará tiempo para hacer el trabajo», «Parálisis debida al análisis» y otras parecidas, no se preocupe. No hablamos de llegar a niveles absurdos de planificación. Antes al contrario, se trata de hacer justo lo suficiente para estar seguros de no acabar tomando decisiones y asumiendo compromisos precipitados, y meternos en un buen lío.

[Un poco de planificación siempre es mejor que tener que apagar un montón de incendios.]

Imagínese esto. Son las ocho de la noche y, de repente, se da cuenta de que tiene hambre y decide preparar la cena. Imagine que hace lo siguiente:

1 Enciende el gas.

2 Mira en la nevera a ver si hay algo que cocinar.

3 Ve que no hay nada que le guste, así que decide ir al supermercado. Esperemos que se acuerde de apagar el fuego.

4 Vuelve con unos huevos. Se va a preparar una tortilla.

5 Enciende de nuevo el gas.

6 ¿Dónde está la sartén? Oh, vaya, está en el lavavajillas y el lavavajillas está a mitad del ciclo. Bueno, esperará hasta que acabe. Vuelve a apagar el gas.

7 Finalmente, el lavavajillas acaba su ciclo y usted empieza a prepararse la tortilla. Pero entonces piensa: «Estaría bien tomar unas patatas fritas con la tortilla». Pero, mierda, debería haber hecho primero las patatas, porque tardan más que la tortilla.

8 Acaba la tortilla y la mete en el horno para mantenerla caliente. Empieza con las patatas. Va a abrir una lata de guisantes para acompañarlas y, por suerte, tiene patatas y guisantes.

Pero a medio freír las patatas, cambia de opinión. ¿No serían mejor unos espárragos que los guisantes? De vuelta a la tienda.

Y así sucesivamente.

Por supuesto que nadie, salvo quizá Mr. Bean haría algo así. Lo que hacemos es organizarnos antes. Nos aseguramos de tener los ingredientes y los utensilios necesarios para prepararlos. También nos aseguramos de tener una receta; en la cabeza o en un libro. La receta nos dice qué debe hacerse, en qué orden. Una vez organizados, cocinar debería desarrollarse sin problemas. La cena debería estar lista en el tiempo más corto posible y no deberían salir mal demasiadas cosas.

En la primera situación, probablemente tendría suerte si esa noche conseguía cenar. Y, sin ninguna duda, ese planteamiento le costaría más en cuanto a tiempo, esfuerzo, energía, dinero y estrés general.

No sé cuál habrá sido su experiencia, pero la mía es que muchas, muchísimas tareas relacionadas con la casa, se realizan exactamente como hemos descrito en la preparación de la tortilla. En lugar de elaborar un plan, la gente se lanza a la tarea y, con frecuencia, los resultados son desastrosos.

Por esa razón planificamos.

¿Cómo planificamos?

Sea en el trabajo o en la vida en general, todo empieza con la petición de hacer algún trabajo. La petición puede venir de otros o ser iniciada por nosotros mismos.

Con otras personas, con frecuencia son cosas como «¿Puedes hacerme esto?» o «Te doy el proyecto X»; y, por cierto, aquí tiene las condiciones. Las condiciones típicas son:

- El tiempo o la fecha en que debe estar hecho.
- El presupuesto.
- Limitaciones en recursos o personal.
- La escala del trabajo ya ha sido fijada.
- O alguna combinación de estas cosas.

Si la petición se inició en nosotros, entonces nosotros fijamos las condiciones. Por ejemplo, podríamos decidir que queremos volver a pintar la casa a tiempo para Navidad o instalar un patio o poner césped antes del verano.

Ya hemos mencionado que algunas condiciones pueden actuar como convicciones limitadoras. Estas convicciones son malas noticias de verdad, ya que pueden obstaculizar gravemente nuestra capacidad de vivir la vida que queremos vivir. Aunque ocuparnos de estas convicciones queda fuera del alcance de este libro, no necesita obligatoriamente a un terapeuta para que le ayude a superarlas. La planificación puede ofrecerle un medio sencillo y muy eficaz para hacerlo.

Cuando llegue la petición, en lugar de lanzarnos de cabeza a realizarla, necesitamos hacernos con un poco de tiempo para planificar. Piense en que un proyecto es como un viaje hasta un destino. El destino es la meta del proyecto; el plan es el mapa de cómo tenemos intención de hacer el viaje.

Así pues, necesitamos establecer la meta (el destino) y el plan (el mapa).

La portería

(el destino)

¿Qué está tratando de hacer exactamente y cómo sabrá que ha acabado de hacerlo?

¿Quiénes se ven afectados por el proyecto y qué esperan conseguir de él?

El plan

(el mapa)

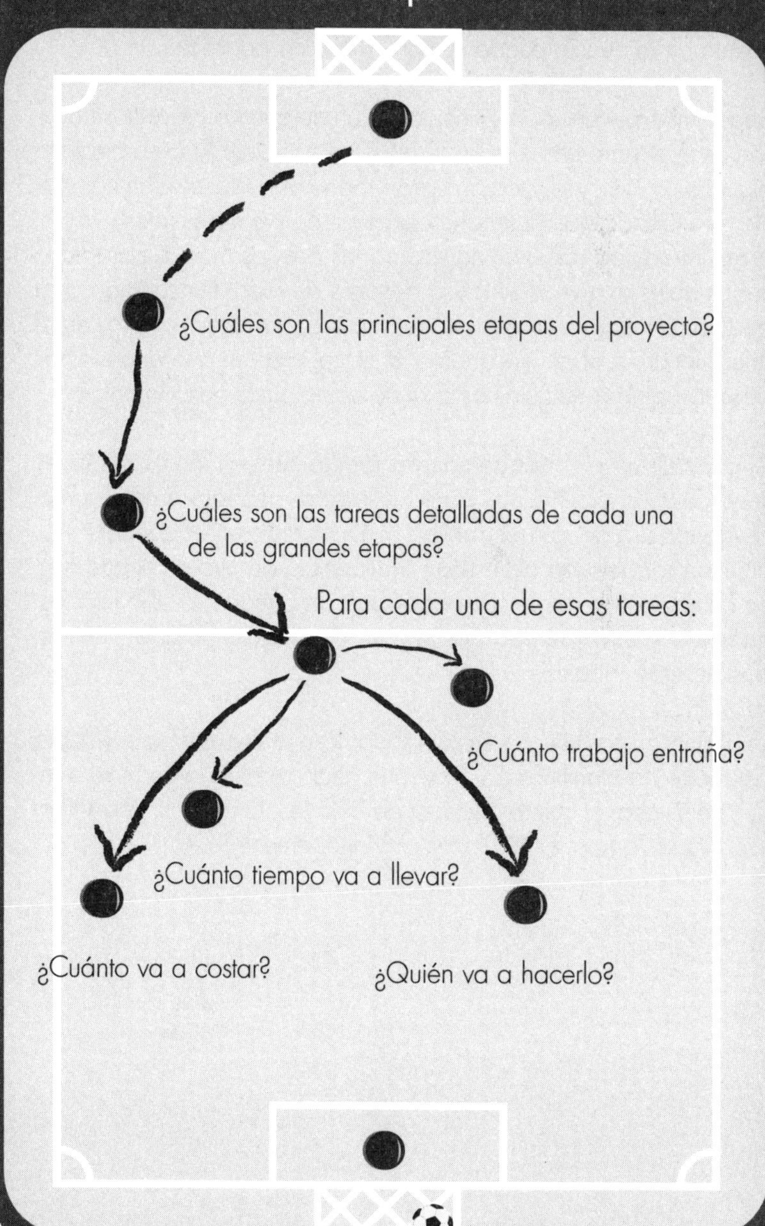

Ahora podrá ver con total claridad si es posible cumplir las condiciones (impuestas por otros o por nosotros mismos). Si es posible, estupendo, acéptelas y adelante; es decir, ejecute su plan.

Si no es posible cumplir las condiciones, entonces explique/dese cuenta de lo que se puede cumplir, y vaya a por ello.

Según mi experiencia, la principal razón de que los proyectos fracasen es que, para empezar, nunca fueron posibles. Alguien presentó algunas condiciones y todos dijeron «Seguro» o «Vale». Con frecuencia, el resultado puede ser una catástrofe de promesas rotas y miembros del equipo rotos. El viaje toma los desvíos más disparatados imaginables y, a veces, incluso después de todo, nunca llega a su destino. O llega a un destino que no era, de ningún modo, en el que querían acabar. (Realmente, el único caso en que deberíamos decir la palabra «seguro» es cuando compramos desodorante.)

Al construir un plan, podemos ver rápidamente si las condiciones tienen alguna base o no. Como resultado, acabamos comprometiéndonos a algo que es factible —un partido en el que tenemos alguna probabilidad de éxito— a diferencia de otro en el que nunca hemos tenido ninguna probabilidad de ganar. No sólo eso: llegamos a nuestro destino por la ruta más segura, rápida y eficaz posible entre todas.

Un último punto. Esto no es, del todo, lo que necesita saber sobre proyectos de planificación. Hay que decir que hay algo más, aunque no mucho. Si quiere disponer de toda la información, vea *What You Need To Know About Project Management.*[19]

Haga menos. Planee un proyecto

Tome alguna petición que le haya llegado hoy y planéela como hemos descrito antes.

Primero, decida cuál es la meta/destino: ¿cómo sabrá cuándo el proyecto está terminado? ¿Quiénes son todos los afectados por él? ¿Qué esperan conseguir de él? ¿Cuál sería, para ellos, un buen resultado?

Ahora, anote las etapas del plan/viaje.

No tome atajos. Elabore el plan por completo, anotándolo todo. (Observe que no es algo enorme. Sólo le debería llevar unos minutos elaborar el plan para un encargo pequeño.) Luego, pregúntese si ha averiguado algo útil al hacer el plan; algo que no habría descubierto si hubiera seguido adelante y hubiera realizado el proyecto.

«Si cree que sentirse mal o preocuparse el tiempo suficiente cambiará un acontecimiento pasado o futuro, entonces es que habita en otro planeta con un sistema de realidad diferente.»

[WAYNE DYER, *Tus zonas erróneas*]

Capítulo 7

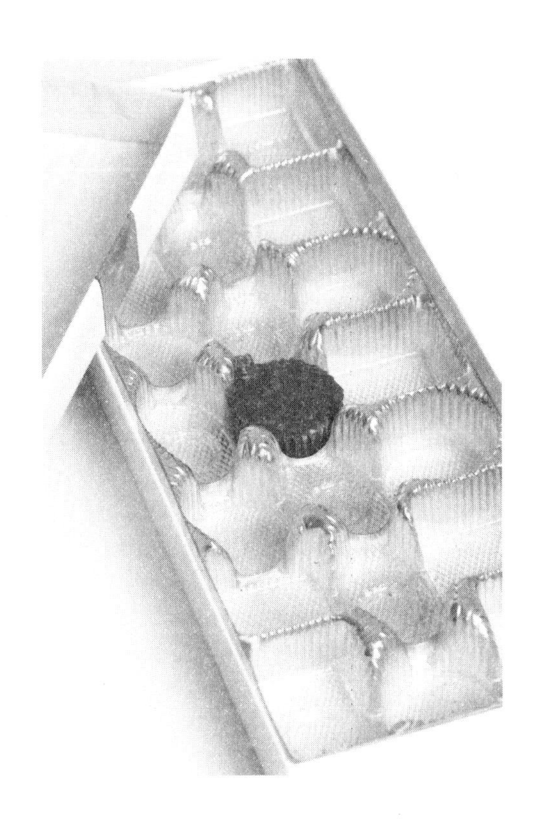

Este libro trata de un viaje a un lugar nuevo y mejor en su vida; un mundo de liberación y elección, en lugar del mundo de servidumbre que quizás haya estado soportando. Si ha puesto a prueba los retos de «Hacer menos», entonces ha empezado ese viaje. Pero es un viaje que quizá no esté libre de altibajos. Y hay dos cosas, en particular, que podrían tener el potencial para hacerlo descarrilar gravemente. Por ello, es preciso que esté atento y listo para enfrentarse a ellas en cuanto aparezcan. Estas dos cosas son la culpa y la búsqueda de aprobación.

1 Culpa

Puede presentarse bajo muchos aspectos. La culpa a la que nos referimos aquí no es la que sentimos cuando hemos hecho algo malo. Es, más bien, reconocer y enfrentarnos a esa persistente sensación que aparece cuando empezamos a cambiar de conducta; por ejemplo, cuando empiece a aplicar las ideas de este libro.

Si va a empezar a hacer menos, quizá se sienta culpable, por ejemplo, cuando todos los que le rodean se apresuran arriba y abajo a una velocidad vertiginosa. Esto podría ser así tanto en el trabajo como en su vida personal. En el trabajo, una forma de culpa especialmente corriente es la que siente cuando sale a la hora, después de haber hecho lo que se propuso hacer ese día, y otros se quedan hasta tarde porque eso es lo que la cultura de la organización exige. También se puede sentir culpable por sí mismo; consigue dejar de estar ocupado y se concede un pequeño oasis de tiempo y luego descubre que «le parece que no está bien» y que, en realidad, tendría que estar haciendo algo. Son sólo algunos ejemplos del modo en que puede llegar la culpa y reconcomerle.

2 La búsqueda de aprobación

Todos queremos gustar a los demás. Y nos gustaría que cuando hacemos alguna mejora clara en nuestra vida, los que nos rodean se sintieran felices por nosotros y nos aplaudieran. En realidad, con frecuencia, no es ese el caso. Los demás pueden desaprobar o sentirse molestos por nuestra nueva forma de actuar. Tal vez, a nuestros compañeros de trabajo no les guste que ahora, de repente, salgamos a la hora. (Bien podría ser que también haya una cierta cantidad de envidia en acción.) O a nuestra pareja/cónyuge/compañero de piso puede no gustarle que hayamos reducido alguna tarea rutinaria y ahora dediquemos el tiempo a algo más enriquecedor. Es algo sabido que la mayoría de la gente se resiste al cambio y esto, a su vez, puede hacer que nos desaprueben y y desaprueben nuestra conducta.

Entonces, ¿qué hacemos cuando ocurren estas dos cosas? Veámoslas por orden.

La culpa y cómo evitarla

La culpa —preocuparnos por cosas que han sucedido en el pasado, cosas que han terminado por completo, que no se pueden cambiar— es una de las cosas más tontas y menos productivas que hacemos. Cabría pensar que si no «cultiváramos» tanto la culpa, o no la cultiváramos en absoluto, entonces se podría considerar algo bueno. Los demás nos elogiarían, diciendo cosas como «Me encanta lo poco culpable que te sientes por las cosas. ¿Cómo has conseguido ser así? ¿Me podrías enseñar a ser así, yo también?»

Por supuesto, nada hay más lejos de la verdad. Si no se siente culpable, le considerarán una «mala» persona. No se «interesa» lo suficiente. (Observe que esto también pasa si es alguien que maneja bien el estrés. Le acusarán de no preocuparse lo suficiente y, por lo tanto, de que no se interesa bastante.)

También parece existir la tendencia a creer que si se siente culpable el tiempo suficiente, acabará expurgando su «delito» —eso malo que hizo en el pasado— y, de alguna manera, quedará exonerado. Así pues, digamos que empieza a hacer menos usando los dos filtros tal como hemos descrito, pero entonces empieza a sentirse culpable. Y, en lugar de hacer frente a esa culpa, carga con ella como si, de hacerlo el tiempo suficiente, consiguiera, de alguna manera, sentirse mejor.

Y hay que decir que está casi garantizado que la idea de que podría hacer menos disparará alguna forma de culpa. Hacer menos lleva connotaciones de:

- Ser perezoso.
- No ser un jugador de equipo.
- Escurrir el bulto.
- Dejar que otros carguen con más de lo que les corresponde mientras que usted carga con menos de lo que le toca.

Es importante distinguir entre sentirse culpable y aprender de los errores. Está claro que lo segundo es bueno. Analizamos lo sucedido y nuestra manera de actuar. Tratamos de discernir por qué hicimos lo que hicimos. A continuación, vemos si hay cosas que podemos cambiar o mejorar y ya está; seguimos adelante con nuestra vida, con la resolución de hacerlo mejor la próxima vez. Como suele decirse, «Haz borrón y cuenta nueva» Pero ¿darle vueltas y más vueltas a algo que nunca se podrá cambiar? Es demencial.

En la culpa, hay otro aspecto realmente interesante que es pertinente aquí. ¿Por qué decidiríamos entregarnos a un comportamiento tan negativo? ¿Qué sacamos? Bueno, en realidad, resulta que mucho. Digamos que nos quedamos en la oficina hasta tarde porque, si nos marchamos a la hora, nos sentiremos culpables. Bien, perfecto, porque ahora podemos echarle la culpa al jefe o a la cultura de la organización o a alguna otra cosa del hecho de que trabajemos tantas horas y no veamos a nuestros hijos, o lo que sea.

[Es importante distinguir entre sentirnos culpables y aprender de nuestros errores.]

Esto es estupendo porque entonces se librará de toda la responsabilidad de enfrentarse a una situación sobrecargada. Compra un libro como este, lo lee, hace una versión descafeinada de lo que dice y luego me echa la culpa a mí, al libro o a alguien o algo por su fracaso. Ciertamente, no tenía nada que ver con usted. Los psicólogos lo llaman «recompensa». Es practicar una conducta negativa o autodestructiva (en este caso, sentirse culpable) porque saca algo positivo de ello. Aquí, lo positivo es que puede culpar a algún otro de su situación y no responsabilizarse de solucionarla usted mismo.

Una pregunta que hago con frecuencia en mis cursos de *El poder de hacer menos* es esta: «Si está sobrecargado, ¿quién es el culpable?» A veces, la gente empieza con cosas como «mi jefe», «la cultura de la organización», «el estado de la economía», pero no tardan en converger —y estar de acuerdo— todos, en «yo».

Si está sobrecargado de trabajo, el culpable es usted; porque no le ha dicho a nadie que lo está, porque no está tomando ninguna medida para solucionar esa sobrecarga. Si soy su jefe y, constantemente, le echo encima cosas que hacer y usted las acepta, entonces la única conclusión que puedo extraer es que tiene el ancho de banda necesario para hacerlas. De lo contrario, me lo habría dicho... ¿o no?

Siempre que sienta un momento de culpa, anote exactamente a qué se ha debido, cuándo ha sucedido, por qué y quién estaba involucrado. Luego, vea qué clase de pautas emergen de esto. ¿Siempre están involucradas ciertas personas? ¿Hay ciertas situaciones en las que se produce la culpa? Trate de comprender por qué aparecen estas pautas y averiguar qué puede hacer para ponerles fin.

Por ejemplo, es posible que esos momentos de culpa siempre guarden relación con su jefe. Así que, ahora, ya puede empezar a preverlos y trabajar en no sentirse culpable después de una interacción con él.

También es posible que la culpa siempre sea por lo mismo. Un caso corriente es salir del trabajo a la hora mientras otros se quedan hasta tarde. Pregúntese si se sintió más feliz como resultado de esta conducta. ¿Llegó a casa y lo pasó bien con sus hijos o disfrutó de una velada agradable con su pareja o trabajó en algún proyecto o afición favoritos suyos?

Si es así, ¿no es algo bueno? ¿Y no se sintió bien? Y casi con toda certeza, ¿no descubrió que, incluso si se sintió culpable parte del tiempo, durante el resto «olvidó» esa culpa y lo pasó muy bien? Así que si olvidó la culpa una vez, puede volver a olvidarla. Y cuanto más veces haga lo que le hacía sentir culpable, más «olvidará» sentirse culpable. Hasta que un día, descubrirá que ya no se siente culpable en absoluto y se preguntará a qué venía tanto jaleo.

Debería vivir de acuerdo a lo que le hace feliz *a usted*; es decir, a *sus* valores, en lugar de según los valores de otros.

Haga menos. Tire su culpa a la basura

Durante una semana, más o menos, lleve una lista de todas las veces que se siente culpable, sea en el trabajo o en la vida en general. Puntúelas en una escala de culpa del 1 al 10, donde 1 sea una pequeña cantidad de culpa y 10 una culpa que lo abruma, lo deprime o lo pone enfermo. Ahora sume los puntos.

¿Cuál es el resultado? Bueno, en realidad, no importa en absoluto si la suma es uno o un millón. No representa la más mínima diferencia. ¡Tire la lista a la basura! ¡La culpa! Su sitio está en la basura.

GENERAR UN AURA DE MISTERIO HACIENDO MENOS

El autor J. D. Salinger no escribió nada después de 1965, pero su fama sólo aumentó con su ausencia y el misterio que generó. En una rara entrevista de 1974 para *The New York Times*, explicó: «Hay una paz maravillosa en no publicar... Me gusta escribir. Me encanta escribir. Pero escribo sólo para mí y para mi propio placer». En una ocasión, Salinger dijo que publicar era «una maldita interrupción».

Una necrológica en *The Telegraph*, el 28 de enero de 2010 decía: «Su carrera demostró que es posible mantener cómodamente la fama, incluso un estatus de culto, con una cantidad muy pequeña de obra publicada». (Algo para que yo mismo reflexione.)

La búsqueda de aprobación y cómo evitarla

Todos queremos gustar a los demás y una parte de ello es que sintamos que aprueban lo que hacemos. Si empieza a hacer menos, entonces —como hemos visto— eso tendrá un impacto positivo en usted (y en otros). Pero tan cierto como que el día sigue a la noche es que, no todos aprobarán o respaldarán lo que está haciendo.

Así pues, ¿qué va a hacer al respecto? ¿Cómo va a sentirse bien haciendo menos, en particular cuando los demás no parecen sentirse bien al respecto? Y lo peor es cuando se trata de las mismas personas que quizás aprobaran y mucho la manera como actuaba antes.

Eche una ojeada a la siguiente tabla:

1904	56	37
1920	60	34
1936	61	37
1964	61	39
1972	61	38
1984	59	41

Las cifras de la primera columna son años. La columna central muestra los porcentajes del voto popular conseguidos por el ganador de las elecciones presidenciales de Estados Unidos ese año. He elegido estos años en particular porque, en general, se consideran victorias «arrolladoras». Una victoria de este tipo es aquella en la cual un candidato gana por un margen abrumador; es decir, con un grado abrumador de popularidad o aprobación. Veamos la tabla completa.

Año	Ganador y porcentaje	Perdedor y porcentaje
1904	Roosevelt 56%	Parker 37%
1920	Harding 60%	Cox 34%
1936	Roosevelt 61%	Landon 37%
1964	Johnson 61%	Goldwater 39%
1972	Nixon 61%	McGovern 38%
1984	Reagan 59%	Mondale 41%

Lo sorprendente de estas cifras es la columna de la derecha. Una victoria arrolladora, «un grado de aprobación abrumador» significa, a pesar de todo, que casi un 40 por ciento de personas *no lo aprueban.*

> *«Al final, realmente es sólo mi propia aprobación o desaprobación lo que significa algo.»*
>
> AGNETHA FALTSKOG, excantante de ABBA

¿Qué hemos de deducir de esto? Bueno, me parece que podemos decir sin temor a equivocarnos que incluso cuando algo que hacemos es inmensamente popular, habrá personas que no lo aprobarán, de lo cual podemos deducir que, como podría haber dicho Sherlock Holmes, la búsqueda de aprobación es cosa de idiotas.

Entonces, ¿qué? ¿Es que no queremos gustar y que nos aprueben? No, por supuesto que queremos ambas cosas. No hay ninguna duda. Recientemente, fui a un concierto de Bruce Springsteen. Había unas treinta y cinco mil personas allí. Seguramente es justo decir que no había ni una que no pensara que el Boss era lo más grande que haya sucedido nunca. Treinta y cinco mil personas que gritaban su aprobación. ¿Cómo debe de ser algo así? Y no sólo una vez, sino noche tras noche. Debe de ser una sensación asombrosa y algo que muy pocos de nosotros vamos a experimentar nunca.

Probablemente, la mayoría tenemos unas expectativas más modestas. Querríamos que los que nos rodean, las personas con quienes estamos en contacto, nos aprueben y aprueben lo que hacemos. Pero ¿nos van a aprobar todos? No lo creo. Además, incluso si lo hicieran, ¿aprobarían todo lo que hacemos? Venga ya... no sea ridículo.

Sin embargo, a veces pensamos que no podemos avanzar o cambiar de conducta hasta conseguir esa aprobación. Y eso podría echar por tierra todos nuestros intentos. Porque podríamos decidir que *no podemos* cambiar nuestra conducta, y no nos atrevemos a empezar a hacer menos porque entonces esa aprobación que tanto necesitamos no llegaría.

Cuando empiece a hacer menos, no tardará mucho en detectar a esas personas y su desaprobación. Los comentarios maliciosos empezarán a multiplicarse. Un ejemplo bastante clásico es cuando en su organización existe la cultura de hacer horas extras de forma continuada, y usted empieza a marcharse a la hora. No pasará mucho tiempo antes de que alguien le diga: «Veo que ayer te tomaste medio día libre». Esto podría ser igualmente cierto en su vida doméstica, donde alguien podría empezar a mencionar (con frecuencia, desfavorablemente) las cosas que ha empezado a hacer de forma diferente. Por ejemplo, había algunas tareas de las que solía ocuparse por la mañana, pero ahora las deja para otro momento, porque ha empezado a salir a correr.

La gran pregunta es cómo lidiar con esas personas. Tengo dos consejos para usted. El primero es que aplique una política de tolerancia cero. El segundo es que he averiguado que una buena manera de solucionarlo es contar con un modelo de conducta.

Tolerancia cero

Si permite que los demás muestren su desaprobación, lo harán.

Si no lo permite, no lo harán.

Es, realmente, así de fácil.

Así pues, en cuanto reciba el primer comentario malicioso, enfréntese a él sin dudarlo. En el trabajo, si alguien prueba con eso de «Veo que ayer te tomaste medio día libre», diga: «Sí, hice todo lo importante y me fui a casa. No me ocupo de cosas sin importancia». Y si quisiera, podría añadir: «Tendrías que probarlo alguna vez». O, si no quiere ser tan desagradable: «Si quieres, te enseñaré cómo hacerlo».

Esto es igualmente válido para su vida personal. Los ejemplos más obvios de cuándo es probable que esto ocurra se producen cuando cambia alguna tarea pesada por algo más enriquecedor. Haga ejercicio o salga en lugar de quedarse dormido delante de la tele o tontear en su página de Facebook. Más diversión y menos tareas. Hacer «algo», en lugar de no hacer «nada».

Si alguien se queja, se enfurruña o deja de hablarle, explíquele lo que hace y por qué. Muéstrele el inmenso valor de vivir la vida que le estaba destinada, y diga que podría ayudarle a que, también él, lo lograra.

Modelos de conducta

Y si todo esto le parece muy agresivo, entonces aquí es donde entran los modelos de conducta. Un modelo de conducta es alguien como quien deberíamos comportarnos. Básicamente, fingimos que somos otra persona o hacemos esta pregunta: «¿Qué haría Fulano en estas circunstancias?» Aparte de todo lo demás, puede ser divertido, lo de imaginar a esa persona en nuestro lugar, en esa reunión o enfrentada a esa situación o persona en particular.

Estos son dos de mis favoritos. Primero, Abraham Lincoln, el gran presidente de Estados Unidos; el hombre que dirigió el país durante los cuatro años de una terrible guerra civil, mantuvo unida a la Unión y abolió la esclavitud. Estas son sus propias palabras:

«Si tuviera que leer y más aún responder a todos los ataques que se lanzan contra mí, ya podría cerrar el negocio para cualquier otra actividad. Lo hago todo lo bien que sé, lo mejor que puedo; y tengo la intención de seguir haciéndolo así hasta el final. Si al final resulta que tenía razón, lo que se dice en mi contra no importará nada. Si estaba equivocado, ni diez ángeles jurando que estaba en lo cierto cambiarán nada».[20]

Y el otro es Winston Churchill, que era el primer ministro británico en 1940. En aquel entonces, una gran parte de la Europa Central y Oriental había sido conquistada por los, al parecer, invencibles nazis. Francia no tardaría en caer y los nazis entrarían en París. El embajador de Estados Unidos en Londres informó a Washington de la inminente derrota y rendición de Gran Bretaña. El Imperio japonés, al parecer igualmente invencible, amenazaba las posesiones británicas en Oriente, y el ejército británico había abandonado la mayor parte del material al retirarse de Dunkerque. El mismo gabinete de Churchill se tambaleaba y Gran Bretaña parecía indefensa.

En esta situación apareció Churchill. Cuando llega la hora, surge el hombre. Hablando en la Cámara de los Comunes, el 4 de junio de 1940, Churchill explicó honradamente la situación y luego le pidió a su pueblo que le hiciera frente. Solos, si era necesario. Puede escuchar el discurso en YouTube; busque «We Shall Fight on the Beaches» (Lucharemos en las playas).

También fue Churchill quien dijo: «¿Tiene enemigos? Eso es bueno. Significa que ha defendido algo, en algún momento de su vida».

Pero son sólo dos de mis favoritos. Piense en los suyos; personas a las que admira, que cree que viven su vida a su manera, que dicen lo que piensan, que nunca siguen a la masa sólo para ser populares. No es necesario que sean celebridades o personas famosas; también pueden ser personas que forman parte de su vida.

La próxima vez que note resistencia por parte de alguien cuando está tratando de hacer menos, pruebe a imaginar que, en su lugar, hay alguien a quien admira de verdad y hágase las siguientes preguntas. Esa persona a la que admira:

- ¿Habría cambiado de postura sólo debido a la desaprobación? Por ejemplo, ¿se habría quedado hasta tarde sólo porque era lo que se hacía?
- ¿Habría aguado alguna declaración que quisiera hacer o alterado su postura en alguna cuestión o dejado de comunicar malas noticias? Por ejemplo, ¿habría dicho que era posible cumplir las condiciones de un proyecto en concreto cuando su planificación le decía que, sin ninguna duda, no era así?
- ¿Se habría disgustado porque alguien discrepara de él? ¿Se habría deprimido porque alguien se enfurruñara o no le hablara?
- ¿Habría seguido a la masa? ¿Habría trabajado todas las horas del mundo sólo porque todos los demás lo hacían?
- ¿Habría dicho «sí» cuando debería haber dicho «no»? ¿Habría aceptado un plazo de entrega cuando era claramente imposible cumplirlo?
- ¿Se habría dejado intimidar por alguien —un jefe, un compañero de trabajo, un miembro de la familia o un amigo— que desaprobara su conducta?

En resumen, tiene que continuar centrándose en lo que le importa, lo que para usted es lo importante. Es muy posible que tropiece con reacciones en contra o resistencia por parte de otros. Es triste, pero el mundo es así. Si los demás le respaldan, es un premio. Y es un premio incluso mayor si les interesa aprender de usted. Pero, no importa cómo reaccionen los demás: recuerde que se trata de su vida, no la de ellos. Lo único que importa es que usted se apruebe y apruebe sus actos. La aprobación de los demás es agradable pero irrelevante.

En definitiva

Es posible que cuando empiece a hacer menos, aparezcan estos gemelos malvados de la culpa y la búsqueda de aprobación. Lo primero es no sorprenderse si lo hacen. Seguramente, les pasa a todos los que siguen este camino y hacen el viaje que estamos haciendo.

Como he tratado de mostrar, no es muy inteligente entregarse a ninguna de las dos cosas; la idea misma puede bastar para que deje de prestarles cualquier atención. Tampoco son una parte inevitable de nuestra vida ni del hecho de ser un ser humano. Pueden y deben ser eliminadas, extirpadas, dejadas de lado. No permita que nadie se las imponga. Resístase cuando lo hagan. Aplique una política de tolerancia cero. Hará que su vida y el mundo en general sean un lugar mejor.

Haga menos. Viva la vida que le estaba destinada

Pase todo un día haciendo menos. Con esto quiero decir que haga lo que le importa realmente —en el trabajo y en su vida personal— y nada más. Mientras lo esté haciendo, si alguien lo desaprueba o nota que empieza a sentirse culpable, enfréntese a ello de inmediato.

Es algo difícil, y podría notar que se siente muy diferente al final del día. Podría parecerle que ha actuado de una forma que «no es propia de usted». Casi podría parecer que ha sido otra persona a lo largo del día. Todo esto es algo bueno.

Antes de irse a dormir, dedique algún tiempo a anotar lo que ha sucedido, cómo reaccionaron los demás, qué hizo usted, cómo se sintió entonces y cómo se siente ahora.

«Siembra un pensamiento, y cosecharás un acto; siembra un acto, y cosecharás un hábito; siembra un hábito, y cosecharás una personalidad; siembra una personalidad, y cosecharás un destino.»

[SAMUEL SMILES, autor escocés del siglo XIX]

Capítulo 8

NO MALGASTES EL TIEMPO NO MALGASTES
NO MALGASTES EL TIEMPO NO MALGASTES
NO MALGASTES EL TIEMPO NO MALGASTES
NO MALGASTES EL TIEMPO NO MALGASTES
NO MALGASTES EL TIEMPO NO MALGASTES
NO MALGASTES EL TIEMPO NO MALGASTES
NO MALGASTES EL TIEMPO NO MAL

SE TRATA DE LOS BUENOS HÁBITOS

Si mira en Internet, encontrará muchos artículos que empiezan con «Las investigaciones demuestran que se necesitan veintiún días para formar un nuevo hábito». Si luego busca qué son realmente estas investigaciones se verá tristemente decepcionado. Parece que hubo un único estudio realizado en los años sesenta, donde el autor observó que son necesarios veintiún días para que los amputados se adapten a la pérdida de un miembro. Su conclusión fue que, por lo tanto, todos los hábitos se pueden cambiar en veintiún días. Hum.

Otras investigaciones más recientes, por ejemplo la del University College de Londres,[22] muestra que, en realidad, a diferentes personas les cuesta un tiempo diferente cambiar sus hábitos. Si, hasta ahora, ha ido respondiendo a los retos de «Hacer menos», ya habrá empezado a cambiar de hábitos. De hecho, es posible que el cambio ya se haya producido. En el curso *online* que imparto basado en este libro, recibí el siguiente correo electrónico de un participante:

«Gracias. Me ha sido inmensamente útil que me recuerden que me respete y respete mi precioso tiempo. Había dejado que las cosas fueran empeorando hasta el punto de que trabajaba desde las nueve de la mañana hasta la una de la madrugada, como cosa normal, y también la mayoría de los fines de semana. He seguido esta rutina durante los tres últimos años. Ahora he conseguido volver a la jornada de nueve a seis y no trabajo ningún fin de semana. Es curioso que el mundo no se haya acabado. ¡Gracias por recordarme qué es lo importante!»

Y esto pasaba cuando sólo habían transcurrido tres semanas de lo que estaba pensado para ser un curso de diez semanas. ¡Todo un cambio de hábitos!

La mayoría de los retos de los «Haga menos» de los capítulos anteriores giraban en torno a rehusar cosas. Mostraban que estaba bien hacerlo. De hecho, no sólo estaba bien: era bueno; en realidad era bueno de verdad en muchas situaciones. El propósito de esos retos era que abandonara el hábito de reaccionar con un «¿Cómo puedo encajar esto en una vida ya sobresaturada?»

Si lo piensa, el hábito que le estaba alentando a desarrollar poniendo en práctica esos retos era reaccionar con «¿De verdad tengo que hacer esto?», en lugar de «¿Cómo puedo encajarlo?»

«¿De verdad tengo que hacerlo?» es un buen hábito y espero que esté en camino de desarrollarlo o que ya lo haya desarrollado. Pero todavía puede mejorar. «¿De verdad tengo que hacerlo?» es bueno, pero *reactivo.* Surge algo y usted decide si tiene que sacárselo de encima o no. Es bueno, pero es una medida *defensiva.* Da a entender que ya tiene un día lleno o una vida atestada y que preferiría no llenarlo ni atestarla más.

Pero, ¿y si, en cambio, actuara de forma *proactiva* y *ofensiva?* ¿Y si, en lugar de pensar en términos de días llenos y una vida atestada, pensara en días vacíos y una vida que espera ser llenada? ¿Y si, en lugar de reaccionar con un «¿De verdad tengo que hacerlo?», reaccionara con un «¿Por qué debería dedicar mi precioso tiempo a esto?»

Así pues, este capítulo contiene un puñado adicional de retos «Haga menos» que tienen que ver con alentar esa mentalidad y forjar ese hábito. Conviértalo en un hábito y experimentará el pleno e impresionante poder de hacer menos.

Haga menos nº1. Vuélvase más creativo

En una charla fantástica sobre creatividad, John Cleese, actor británico famoso por haber sido miembro de los Monty Python, explica que «la creatividad no es un talento. Es una forma de actuar». Describe cinco pasos necesarios para practicar esta forma de actuar. En los dos primeros, reconoceremos una conducta clásica de «Haga menos».

Estos dos pasos entrañan la creación de lo que Cleese llama «un oasis de quietud»:

1. Encuentre un lugar en el que no lo molesten.
2. Reserve un tiempo —él sugiere que 90 minutos está bien para empezar— durante el cual va a dejar de hacer cualquiera de las cosas cotidianas que absorben tanto de su tiempo. En cambio, va a crear este oasis de tiempo y es ahí —esperamos— donde surgirá la creatividad.

Si quiere saber cuáles son los otros pasos, además de poder escuchar algunos buenos chistes de «¿Cuántos ________ se necesitan para cambiar una bombilla?», puede ver el resto de la charla en YouTube.

Haga menos nº2. Vegete (un poquito)

Cuando ese holgazán interno le llame, diga «Sí, ya voy». Los viernes son mi noche favorita para hacerlo. Nada de cocinar, encargo comida hecha, el mínimo esfuerzo para todo. ¡Un buen vino o un par de cervezas y comida que podría no ser sana para mí! Creo que, en general, soy un tipo bastante productivo y que hago muchas cosas, pero los viernes por la noche desconecto la máquina de productividad. Habrá tiempo suficiente para ponerla de nuevo en marcha cuando llegue el próximo día de trabajo.

Haga menos nº3. Deje de trabajar

Me encantan los viernes. En el improbable caso de que alguna vez fundara una religión, su día santo sería el viernes. Trabajaré duro de lunes a jueves; no hay problema. Incluso trabajaré el viernes por la mañana. Pero cuando llega el viernes por la tarde, sólo quiero pasarlo bien. En el trabajo, dejaré de trabajar en cualquier tarea «como es debido» y leeré cosas que llevo tiempo con la intención de leer o repasaré algunas ideas o pensamientos que he tenido. Revisaré la semana y pensaré en la que viene. Escribiré mi diario. Intentaré vaciar mi mente para ver si llegan ideas creativas en avalancha (o poquito a poco). Me plantearé grandes preguntas como: ¿cómo puedo ser mejor en el trabajo, en la vida? Intentaré ver las cosas con una mirada limpia. Por supuesto, todo esto no tiene por qué ser en un viernes, si no quiere que lo sea. Pero elija un día, o una tarde, para dejar de trabajar... y hágalo.

Haga menos nº4. ¿Trabaja por su cuenta? Está bien, pero no cien horas a la semana

Si trabaja por su cuenta o tiene una pequeña empresa (como yo), la vida puede abarrotarse de nimiedades relacionadas con el trabajo. Por lo tanto, a fin de separar lo que es sumamente importante de lo que no lo es, haga una lista de las cosas sumamente importantes y empiécela con estas tres cosas en este orden de prioridades:

1. Dinero: no se quede sin (liquidez).
2. Clientes actuales (déselo todo).
3. Nuevos clientes (encuéntrelos).

Ahora, explíqueme —y lo más importante, explíquese— por qué debería haber nada más en la lista. ¿Por qué debería dedicar mi precioso tiempo a esto? Si no es una de estas tres cosas, entonces no debería hacerlo.

Haga menos nº5. Diga «no» cuando deleguen cosas en usted

Quizá crea que el suyo es un trabajo donde no puede decir «no». Pero, mire, tiene que probarlo. Descubrirá que el mundo no deja de girar. Los cielos no se desploman, los planetas no chocan unos contra otros. Veamos, pues, un modo que podría darle resultado. En lugar de tratarlo seriamente, conviértalo en un juego.

Por ejemplo, durante todo un día, rehúse una de cada dos cosas que le pidan. Y si una de ellas procede del jefe máximo, puede elegir si acobardarse o plantarle cara. Pero si le planta cara y tiene éxito, concédase un premio/recompensa después del trabajo o el fin de semana.

Haga menos nº6. Recupere sus fines de semana

En la mayoría de los países, la semana laboral de cinco días y ocho horas diarias de trabajo sólo se convirtió en ley en el siglo XX. Antes, la mayoría de la gente trabajaba —en fábricas o en el campo— desde el amanecer hasta el anochecer en verano y entre diez y dieciséis horas en invierno. ¡Y hablamos de siete días a la semana! La idea de poder tener dos días consecutivos en una semana para nosotros, para hacer lo que quisiéramos, era un sueño para la mayoría de nuestros antepasados.

Así que los fines de semana son una maravilla. Son fantásticos. Y la idea de que los estropeemos con trivialidades horrorizaría a los que han luchado y han militado tan duro por el privilegio que ahora disfrutamos.

Es decir, los fines de semana son un momento en que, de verdad, es preciso que se pregunte: «¿Por qué debería dedicar mi precioso tiempo a esto?»

Piense en el fin de semana que acaba de pasar. ¿Qué parte la dedicó a trivialidades o a nada en particular? ¿Y qué parte a las cosas que realmente le importan? (Por favor, observe que no juzgo qué podría ser importante para usted. Si pasar medio domingo en la cama, durmiendo, es lo que realmente le importa, adelante y hágalo.)

Pero si sus fines de semana pasan sin hacer nada en particular, es hora de cambiar las cosas. Puede hacerlo de una de estas tres maneras:

1. Planee su próximo fin de semana para que contenga sólo/mayormente cosas realmente importantes.
2. Mientras transcurra su próximo fin de semana y se presenten posibles cosas que hacer, pregunte: «¿Por qué debería dedicar mi precioso tiempo a esto?» Si no se le ocurre una respuesta lo bastante buena, diga: «Siguiente», o
3. Planee un fin de semana completamente libre —un lienzo en blanco— y vea qué se presenta o qué le apetece hacer. Esto podría resultar ser otro medio realmente bueno para averiguar qué es lo que realmente le importa.

Observe también que estos mismos comentarios son aplicables a las noches, después del trabajo. Este es también un privilegio del que nuestros antepasados no disfrutaban. Y, una vez más, no lo juzgo. Algunas noches, después de un día duro, me quedo dormido delante de la tele. Pero no *todas* las noches.

Haga menos nº7. Separe el «ruido»

Durante una semana, lleve una lista de todas las cosas que haga en su vida personal. No me refiero a cosas como «he desayunado», «me he duchado» o «he dormido». Demos por supuesto que se ha levantado, ha desayunado, ha ido a trabajar y ha vuelto a casa, Pero ¿qué ha pasado *después* de todo eso? (O antes, si es madrugador.)

¿Qué ha hecho cada uno de los días de entre semana y el fin de semana? Apunte también aproximadamente el tiempo que dedicó a cada una de las cosas que hizo.

Al acabar la semana, revise la lista. Al lado de cada entrada, apunte si fue «ruido» y si «importaba».

¿Está satisfecho de lo que ve? Si no, ya sabe qué hacer.

Haga menos nº 8. Elimine la basura

Haga una lista de todo lo que tiene que hacer hoy (o esta semana) y divídala entre lo que es sumamente importante y lo que no lo es. Arranque la columna de lo que *no es* sumamente importante y tírela a la basura.

Haga menos nº 9. Apague la caja

Desconecte el portátil, la tableta, el teléfono, la tele (o cualquier otra cosa que tenga delante) en un momento fijo cada tarde durante una semana. Y no deje de hacerlo cada día. Tanto si esto le permite disfrutar de más tiempo para relajarse, hace que duerma mejor por la noche o, sencillamente, hace que se centre en alguna otra cosa que es preciso hacer, observe cómo se siente mucho mejor, sólo debido a este pequeño cambio.

Haga menos nº 10. Haga una lista de las cosas que quiere completar

Haga una lista de las cosas que le gustaría hacer o experimentar o lograr en la vida durante los, digamos, seis meses o un año. Cuando algo que podría absorber su tiempo se presente, pregúntese: «¿Por qué debería dedicar mi precioso tiempo a esto?»

Si la respuesta no es «Porque hará avanzar una de las cosas de mi lista», olvídelo.

Haga menos nº 11. Tómese un día libre

Procure tener por lo menos un día totalmente libre a la semana, o si esto le asusta demasiado, una noche. Eso no significa que tenga que quedarse ahí sentado, sin hacer nada (aunque, por supuesto, puede hacerlo, si quiere). Pero al no tener ningún plan para hacer *algo*, es posible que le sorprenda ver adónde le lleva eso.

Haga menos nº 12. Medite/Despeje su mente

No, yo no me siento en la postura de loto, cierro los ojos y salmodio. (Lo he intentado durante años y he hecho yoga, pero nunca he sido capaz de sentarme en la postura de loto.) Lo que hago es sacar a pasear a mi perra. O, si veo que no está interesada, salgo yo solo. Necesito como mínimo media hora antes de que empiecen a surgir las ideas, pero luego llegan en cantidad. (No todas son sensatas, pero tampoco son todas estúpidas.) Solía correr maratones y las carreras de larga distancia cumplían el mismo propósito. Usted podría encontrar el equivalente. ¿Qué le permite sosegar la mente y entrar en contacto con su subconsciente?

Haga menos nº 13. Haga sólo las cosas que le importan de verdad

Todo el libro ha girado en torno a averiguar qué es lo importante para usted y a eliminar toda la basura. Una vez que esté libre de esa basura, debería estar en una buena posición para hacer lo importante con la mente clara. Incluso si son muy largos, todos los viajes empiezan con un único paso. *«Petit à petit»*, como dicen los franceses; poco a poco. ¡Ahora es el momento de empezar!

Lo hemos dicho numerosas veces: cambiar de conducta puede ser arduo. Puede ser difícil para nosotros y para los que nos rodean. He tratado de darle todo un menú de cosas que probar. Al igual que un menú corriente, no es necesario que coma todo lo que hay en él. Pruebe cosas diferentes y averigüe qué le gusta; qué le da resultado. Si las cosas le parecen un poco raras, diferentes o totalmente atípicas, no pasa nada; era de esperar.

Lo que no hay que perder de vista es lo que estos cambios van a hacer por usted. Van a permitirle vivir la vida que de verdad quería vivir. Nada menos.

En su ya famoso discurso en la Universidad de Stanford,[24] Steve Jobs subrayó la idea de que la muerte es un poderoso catalizador para un cambio que altera la vida. «Recordar que pronto habré muerto es la herramienta más importante que he encontrado nunca para ayudarme a tomar las grandes decisiones de mi vida.»

Todos estaremos muertos mucho tiempo. Mientras todavía estamos vivos, hagamos que sea todo lo que estaba destinado a ser.

«Es imposible que echéis hondas raíces si no cultiváis el terreno con vuestras propias manos. Es indispensable que aprovechéis la estación para recoger vuestra cosecha.»

[WILLIAM SHAKESPEARE, poeta y dramaturgo]

Capítulo 9

LA COSECHA

El poder de hacer menos se manifiesta de muchas maneras. Hablamos de la liberación en el capítulo 3, y es un lugar tan bueno como cualquier otro para empezar.

Si ha respondido a los retos de «Hacer menos» según avanzábamos, habrá conseguido librarse de su pesada carga. Ya no está encadenado a ese enorme montón de cosas, teniendo que arrastrarlo a todas partes, dedicándole enormes cantidades de tiempo con la vana esperanza de que conseguirá eliminarlo. Ya está libre de todo eso. Sigue haciendo un montón, claro, pero ahora es usted quien decide a qué dedicará su precioso tiempo, su preciosa vida.

Ha conseguido claridad. El montón ya no es una gran masa amorfa de cosas. Ahora ve que algunas cosas importan de verdad y muchas otras son sólo basura. Lo que realmente importa, las grandes cosas que piensa hacer con su vida —comprar una casa, cambiar de profesión, hacer sus vacaciones soñadas, poner en marcha una empresa, lo que sea— ahora le atraen con fuerza magnética. Todo lo demás... bueno, ahora lo ve como la porquería que destroza la vida y que realmente es. Dedique un día o una tarde o un fin de semana a las cosas que importan de verdad y, aunque quizás, al final, esté física o mentalmente cansado, también estará lleno de energía y ánimo. Por el contrario, si dedica tiempo a trivialidades, se encontrará exhausto. Verá que trata de idear maneras de evitarlo en el futuro.

Ahora tiene perspectiva. Las cosas que antes dejaba para «el año que viene», porque no tenía tiempo para planificarlas adecuadamente ni la energía para visualizarse haciéndolas bien, ahora están focalizadas y empiezan a parecer alcanzables. Y parte de esa focalización es que las cosas acaban haciéndose bien —tanto en el trabajo como en su vida en general— tiene tiempo para hacer algo como es debido, en lugar de ponerle un parche.

Está menos estresado. Ahora tiene tiempo para todo. ¿Y lo que no se hace? Bueno, mire, son cosas que no importan, porque, en cualquier caso, nunca han importado. Sin el estrés, puede dejar de lado algunas de las cosas que quizás haya usado para aguantar el estrés. Algo como la bebida, por ejemplo, vuelve a ser un placer, en lugar de una muleta. O la ira —esa tensión y ansiedad, listas para estallar en cualquier momento— se habrá desvanecido. Con toda probabilidad, además, se sentirá más sano.

Tiene tiempo. Hay espacios en su semana que ahora son como telas en blanco, que esperan a que las llenen.

Se ha convertido en una máquina de productividad. Piénselo un momento. Piénselo, de verdad. Piense en esta maravillosa paradoja: hace *menos*, pero es *más* productivo. Consigue más. Logra hacer más. Vive mucho más la vida que quería vivir.

Y no es una máquina de productividad hiperactiva. Sigue estando bien —dispone de tiempo— para desconectar la máquina, no hacer nada. Reflexionar, quedarse sentado y limitarse a estar, disfrutar del momento, ser creativo, ver oportunidades que, sin ninguna duda, habría pasado por alto cuando corría de un lado para otro enloquecido.

En resumen; es más feliz. Mucho más feliz.

Y lo maravilloso —lo realmente bello, extraordinario, excepcional, totalmente increíble— es que no ha tenido que hacer más cosas o cosas nuevas o extras.

En realidad, ha hecho exactamente lo contrario.

En cuanto deja de hacer, el poder de hacer menos empieza a fluir.

Cuide **mejor** su cuerpo

Aprenda un idioma

APRENDA A TOCAR UN INSTRUMENTO MUSICAL

EMPIECE A PRACTICAR UN NUEVO DEPORTE

Haga un viaje

Participe **en una obra** benéfica

SALGA DE SU AISLAMIENTO
Y COLABORE
EN UN PROYECTO
ONLINE COMUNITARIO

Ponga en marcha una **empresa**

Sea espontáneo

Encuentre
un **curso**
al que **asistir**

Busque
grandes
oradores *online*

HABLE CON **TODAS LAS PERSONAS**
QUE CONOZCA. ESTABLEZCA
CONEXIONES

Hable con
personas
de las que
podría
aprender

Haga una **excursión** por la naturaleza

Baile bajo la lluvia

PLANTE ALGO COMESTIBLE

PRUEBE A CREAR SU PROPIA RECETA

Realice **una gran acción** de beneficiencia

APRENDA **A HACER MALABARISMOS**

Conecte **con alguien** nuevo

DESPIÉRTESE UNA HORA ANTES

Hágale un regalo a alguien

Venza al miedo

Conviértase en mentor

Pase tiempo al aire libre

Done sangre

Hágale un cumplido a alguien

Haga el bien

Referencias

1 *American Time Use Survey Summary* (Resumen del estudio sobre el uso del tiempo en Estados Unidos) http://www.bls.gov/news.release/atus.nr0.htm

2 http://www.huffingtonpost.com/2012/05/24/11-countries-with-the-longest-working-hours_n_1543145.htm#slide=1018059.

3 Holland, James, *Dam Busters: The Race to Smash The Dams 1943*, Transworld, Londres, 2012.

4 DeMarco, Tom, *The Deadline: A Novel About Project Management*, Dorset House, Nueva York, 1997.

5 Allen, David, *Organízate con eficacia. Máxima productividad personal sin ester*, Empresa Activa, Barcelona, 2001.

6 Bar-Eli, M.; Azar, O. H.; Ritov, I. y Keidar-Levin, Y., «Action Bias among elite soccer goalkeepers: The case of penalty kicks», (La inclinación a actuar entre los porteros de fútbol de élite: El caso de los tiros de penalti) *Journal of Economic Psychology*, 28, pág.606-621, 2007.

7 http://blogs.hbr.org/cs/2012/01/five_myths_of_a_ceos_first_100.html.

8 Taylor, A. J. P., *War By Time-Table: How the First World War Began*, Macdonald, Londres, 1969.

9 http://www.amazon.com/Band-Brothers-Blu-ray-Scott-Grimes/dp/B0006TSSNG/ref=sr_1_2?s=books&ie=UTF8qid=1360595596&=1-2&keywords=band+of+brothers+dvd.

10 Ambrose, Stephen E., *Band of Brothers: E Company, 506th Regiment, 101st Airborne from Normandy to Hitler's Eagle's Nest*, Simon & Schuster, Nueva York, 2001.

11 Fussell, Paul, *Wartime: Understanding and Behavior in the Second World War*, Oxford University Press, Oxford, 1990. (Título en español: Tiempo de guerra: *Conciencia y engaño en la Segunda Guerra Mundial.)*

12 Cleese, John, y Booth, Connie, *The Complete Fawlty Towers*, Methuen, Londres, 2000.

13 Attwood, Janet Bray y Chris, *The Passion Test: The Effortless Path to Discovering Your Destiny,* Simon & Schuster, Londres, 2006. (Título en España: *Descubre el secreto: el test que te permite averiguar cuáles son tus verdaderas pasiones.)*

14 Bannatyne, Duncan, *Wake Up and Change Your Life,* Orion, Londres, 2009.

15 Bolles, Richard N., *¿De qué color es tu paracaídas? Manual práctico para los que buscan trabajo o un cambio en su carrera.*

16 Robbins, Anthony, *Awaken the Giant Within: How to Take Immediate Control of Your Mental, Emotional, Physical and Financial Destiny!,* Free Press, Nueva York, 1992. (Título en España: *Despertando al gigante interior.)*

17 DanielDay-Lewisonactinghttp://www.bbc.co.uk/news/entertainment-arts-21227022.

18 Covey, Steven, *Los siete hábitos de la gente altamente efectiva.* Simon & Schuster, Nueva York, 2004.

19 O'Connell, Fergus, *What You Need To Know About Project Management,* Capstone Publishing, Ltd., Chichester, 2011.

20 Carpenter, Francis B., *Six Months at the White House,* Forgotten Books, 2012.

21 Winston Churchill: We Shall Fight on the Beaches (Lucharemos en las playas), http://www.youtube.com/watch?v=MkTw3_PmKtc&feature=fvwrrel.

22 University College London Health Behaviour Research Centre. http://www.ucl.ac.uk/hbrc/diet/lallyp.html.

23 John Cleese sobre creatividad, http://www.youtube.com/watch?v=f9rtmxJrKwc

24 Steve Jobs, discurso en Stanford, 2005, http://www.youtube.com/watch?v=VHWUCX6osgM.

Créditos de las imágenes

Pág. 10. Cabeza enterrada en la arena, © thorbjornoo/istockphoto.com

Pág. 12. Por toda Asia se encuentran bicicletas sobrecargadas con un exceso de cosas y con sólo unas simples cestas. TheCrazyTravel/Shutter-stock.com

Pág. 14. Hombre hundido bajo la carga de la deuda de sus tarjetas de crédito. © MHJ/istockphoto.com

Pág. 15. Hombre flotando con un enorme globo rojo. © MHJ/istockphoto.com

Pág. 16. Muchos peces de colores juntos como símbolo del trabajo en equipo. Sergey Nivens/Shutterstock.com

Pág. 21. Déjalo ir, mensaje en la arena. Perspectives —Jeff Smith Shutterstock.com

Pág. 23. Autocomplacencia. © biffspandex / istockphoto.com

Págs. 24, 53, 55, 69, 71, 72, 81, 92, 98, 106, 107, 114 y 133. Extracto con fondo de rayos de sol. Peter Stanislav/Shutter-stock.com

Pág. 28. Segunda Guerra Mundial — Fondo Fuerzas Aéreas de Estados Unidos. © Keith Bishop/istockphoto.com

Pág. 35. Post-it amarillos con la anotación de varias tareas que hacer clavados en el tablero. Pryzmat/Shutterstock.com

Pág. 39, 40, 49, 50. Gráfico mostrando el crecimiento hecho con ladrillos de color naranja. Zelfit/Shutterstock.com

Pág. 47. Foto del agua malgastada que desborda un vaso demasiado lleno. Forster Forest/Shutterstock.com

Pág. 59. Plantilla de presentación de un embudo con espacio para diferentes elementos. Janos Levente/Shutterstock.com

Pág. 63. Encontrar la llave acertada. © JerryPDX/istockphoto.com

Pág. 77. Tiovivo girando rápidamente en medio de la noche con miles de luces. Maksim Toome/Shutterestock.com

Pág. 85. Gorilla pensando. James Laurie/Shutterstock.com

Pág. 87. Conjunto de accesorios de oficina aislados sobre un fondo blanco. Triff/Shutterstock.com

Pág. 88. Placas cuadradas para tildar/tachar. © simmosimosa/istockphoto.com

Pág. 93. Tablilla sujetapapeles. Alhovik/Shutterstock.com

Pág. 97. Hoja de papel para notas y clip. Sergign/Shutterstock.com

Pág. 109. Niño diciendo que no. Velazquez77/Shutterstock.com

Pág. 111. Niña en una bolera —jugando a los «bolos locos». planet5D LLC/Shutterstock.com

Pág. 113. Pez marchándose con sus propias ideas. plampy/Shutterstock.com

Pág. 118-119. Dibujo en la sartén con fondo blanco. Yusuf YILMAZ/Shutterstock.com

Pág. 122. Estadio de fútbol. © piart/istockphoto.com

Pág. 123. Plan para un partido de fútbol. © oleganus/istockphoto.com

Pág. 127. Caja de bombones abierta encima de una mesa... sólo queda uno. Thomas M Perkins/Shutterstock.com

Pág. 143. Perdiendo el tiempo. © aluxum/istockphoto.com

Pág. 155. Silueta de niña y palomas, concepto de fondo de libertad y paz. Pan Xunbin/Shutterstock.com

Pág. 173. Un montón de libros. © filo/istockphoto.com

Agradecimientos

Antes que nada, mi enorme agradecimiento para Dermott Bolger, Eamonn Toland y John Sheridan por sus aportaciones.

Como siempre, gracias a mi temible e incansable agente, Darin Jewell.

Estoy agradecido a todo el equipo de Wiley —Vicky Kinsman, Grace O'Byrne, Megan Saker, Ashley Mackie, Louise Campbell, Laura Cooksley, Iain Campbell—, pero especialmente a los maravillosos Jonathan Shipley y Jenny Ng. Su apoyo, ayuda, creatividad, consejos, empujándome a mejorar mi juego y su ferozmente duro trabajo supusieron toda una diferencia.

Sobre el autor

The Sunday Business Post ha descrito a **Fergus O'Connell** diciendo que tiene «más cuerdas en su arco que un Stradivarius». Fergus es una autoridad mundial en la gestión de proyectos. Su empresa ETP —(www.etpint.com)— y su método para la gestión de proyectos —The Ten Steps (Los diez pasos)— han influido en una generación de directores de proyectos.

Fn 2003, este método se usó para planificar y ejecutar los Juegos Olímpicos Especiales, el acontecimiento deportivo más importante del año. La experiencia de Fergus abarca proyectos por todo el mundo; ha enseñado gestión de proyectos en Europa, Norteamérica, Sudamérica y Asia. Ha escrito sobre el tema en muchas publicaciones, entre ellas *The Wall Street Journal.* Ha pronunciado conferencias en University College Cork, Trinity College Dublin, Bentley College, Boston University, la Michael Smurfit Graduate School of Business y, en television, para la National Technological University. Tiene registradas dos patentes.

Fergus es autor de doce libros de negocios. El primero de ellos, *How to Run Successful Projects – the Silver Bullet,* se ha convertido en un éxito de ventas y un clásico, que se ha publicado constantemente desde hace más de veinte años. Su libro sobre el sentido común, titulado *Simply Brilliant* (Sencillamente genial) —también un éxito de ventas que está ahora en su cuarta edición— fue finalista en los W H Smith Book Awards de 2002. Sus libros se han traducido a veinte idiomas.

Tiene dos hijos y ahora vive en Irlanda.

Puede ponerse en contacto con Fergus, en Fergus.oconnell@etpint. respecto a sus libros o para su trabajo de consultoría, formación o conferencias. También puede visitar su página en Facebook en http://www.facebook.com/fergusconnell.

www.fergusconnell.com

Sobre el autor

TAMBIÉN DE FERGUS O'CONNELL

No Ficción

How To Run Successful Projects — The Silver Bullet, 3ª Edición

How To Run Successful High-Tech Project-Based Organizations

How To Run Successful Projects In Web-Time

Simply Brilliant — The Competitive Advantage Of Common Sense, 3ª Edición

How To Do A Great Job — And Go Home On Time

Fast Projects: Project Management When Time Is Short

How To Get More Done: Seven Days To Achieve More

Work Less: Achieve More: Great Ideas To Get Your Life Back

Earn More, Stress Less: How To Attract Wealth Using The Secret Science Of Getting Rich

What You Need To Know About Project Management

Zero Waste In Business

Ficción

Call The Swallow

The Four Lights Quartet:

1 Starlight

2 The Photographs Of Gettysburg: Sunlight

3 Moonlight (Otoño 2013)

4 Candlelight (Primavera 2014)

Libros Para Niños

How To Put A Man On The Moon When You Are A Kid

«Me levantaré
y me pondré
en marcha,
y a Innisfree
iré.»

[W. B. YEATS]